湖北文物
HUBEI CULTURAL HERITAGE

湖北文物保护系列图书

湖北石窟寺

吴建刚 编

科学出版社
北京

内 容 简 介

湖北石窟寺属于我国石窟寺四大分布地区之一的南方地区，既有传统石窟寺的共性特点，又有鲜明的地域特色。本书在专项调查工作的基础上，系统总结了湖北石窟寺历史沿革、分布与分类情况、基本特征、保存现状及主要风险等内容，详细介绍了湖北主要石窟寺的基本情况，客观分析了湖北石窟寺保护利用工作的成绩及存在问题，并提出了对策与建议。本书是一部系统性、实用性较好的著作，对扩大湖北石窟寺社会影响力、推进湖北石窟寺保护利用具有积极意义。

本书可供考古、文物保护和管理人员以及文博、旅游等专业高校师生阅读、参考，亦可作为通俗读物供大众学习。

图书在版编目（CIP）数据

湖北石窟寺 / 吴建刚编. — 北京：科学出版社，2023.1
（湖北文物保护系列图书）
ISBN 978-7-03-074717-4

Ⅰ. ①湖… Ⅱ. ①吴… Ⅲ. ①石窟－介绍－湖北 Ⅳ. ①K879.29

中国版本图书馆CIP数据核字（2023）第006880号

责任编辑：王光明／责任校对：王晓茜
责任印制：肖　兴／书籍设计：北京美光设计制版有限公司

科　学　出　版　社　出版
北京东黄城根北街16号
邮政编码：100717
http://www.sciencep.com

北京九天鸿程印刷有限责任公司 印刷
科学出版社发行　各地新华书店经销
*

2023年1月第　一　版　　开本：787×1092　1/16
2023年1月第一次印刷　　印张：15 3/4
字数：373 000

定价：258.00 元
（如有印装质量问题，我社负责调换）

前　言

文物是人类社会历史发展进程中遗留下来的、由人类创造的或者与人类活动有关的一切具有历史、艺术、科学等价值的遗物和遗迹。文物承载灿烂文明，传承历史文化，维系民族精神，是老祖宗留给我们的宝贵遗产，是加强社会主义精神文明建设的深厚滋养。

石窟寺是我国不可移动文物的重要组成部分，分布广泛、规模宏大、体系完整、内涵深厚，集建筑、雕塑、壁画、书法等艺术于一体，是我国辉煌灿烂古代文明的集中体现，是中华文明与世界文明交流互鉴的历史见证，充分彰显了中华民族的审美追求、价值理念、文化精神。加强石窟寺保护利用，对于传承发展中华优秀传统文化，建设社会主义文化强国，高质量共建"一带一路"，促进文明交流互鉴具有重要意义。

党中央、国务院高度重视石窟寺保护利用工作。习近平总书记2019年8月考察甘肃敦煌莫高窟时指出："把莫高窟保护好，把敦煌文化传承好，是中华民族为世界文明进步应负的责任。"[①] 2020年5月，习近平总书记考察山西云冈石窟时强调："历史文化遗产是不可再生、不可替代的宝贵资源，要始终把保护放在第一位。"[②] 2020年9月，在十九届中央政治局第二十三次集体学习时，习近平总书记强调："要高度重视考古工作，努力建设中国特色、中国风格、中国气派的考古学，更好认识源远流长、博大精深的中华文明，为弘扬中华优秀传统文化、增强文化自信提供坚强支撑。"[③] 2020年11月，国务院办公厅印发《关于加强石窟寺保护利用工作的指导意见》（国办发〔2020〕41号），从国家政治意识层面指出了石窟寺作为典型性文化遗产所具有的重大价值，从国家文化自信层面明确了石窟寺保护利用工作的重大意义。

为贯彻落实习近平总书记关于石窟寺保护的重要指示批示精神和国务院关于加强石窟寺保护利用工作专题会议部署要求，全面掌握我国石窟寺现状，2020年10月，国家文物局办公

---

① 习近平：《在敦煌研究院座谈时的讲话》，《求是》2020年第3期。

② 习近平在山西考察时强调 全面建成小康社会 乘势而上书写新时代中国特色社会主义新篇章［EB/OL］. http://www.gov.cn/xinwen/2020-05/12/content_5511025.htm［2020-05-12］.

③ 习近平在中央政治局第二十三次集体学习时强调 建设中国特色中国风格中国气派的考古学 更好认识源远流长博大精深的中华文明［EB/OL］. http://www.xinhuanet.com/politics/leaders/2020-09/29/c_1126557506. htm［2020-09-29］.

室下发《关于开展全国石窟寺专项调查工作的通知》（办保函〔2020〕889号），组织开展全国石窟寺（含摩崖造像，下同）专项调查工作。

按照国家文物局统一部署，湖北文物部门迅速组织开展全省石窟寺专项调查工作。从2020年11月初开始，至2021年3月底结束，分阶段有序进行。全省克服新冠肺炎疫情、冬季雨雪天气等困难，加强组织领导，周密安排部署，组建精干队伍，创新调查手段，采取有效措施，跋山涉水，加班加点，确保安全无事故，圆满按时完成任务。经过调查，全面掌握了全省石窟寺基本情况、保护现状和存在问题，建立起全省石窟寺基础数据库，编制了全省石窟寺文物名录，形成了调查工作报告。

湖北地处长江中游，文物资源富集，历史价值突出，孕育了博大精深、源远流长的荆楚文化，成为悠久的中华文明的重要组成部分，在中华文明发展史上地位举足轻重。湖北石窟寺分布广泛、类型多样，是荆楚文化重要的精神标识，也是推进文旅强省建设的宝贵资源。省委、省政府高度重视包括石窟寺在内的文化遗产保护工作，深入学习贯彻习近平总书记关于文物保护的重要指示批示精神，对全省考古工作作出战略部署。近年来，全省大力推进荆楚大遗址传承发展工程，在文物资源调查、考古研究等基础工作方面取得丰硕成果，湖北考古大省地位不断夯实。

人民是历史和文化的创造者。千百年来，湖北先民筚路蓝缕，敢为人先，励精图治，形成了深厚的历史积淀，创造了灿烂的荆楚文化。石窟寺是一道亮丽的荆楚文化风景线，其高度凝聚的文化、历史、艺术和科学价值，穿越岁月的长河，更加显示出独特的魅力而弥足珍贵。石窟寺是无数先人用匠心、智慧、毅力和辛劳，跋山涉水，风餐露宿，忍耐寂寞，夜以继日，刀刻斧凿，在一块块冰冷的岩石上雕刻而成的艺术精品，充满了脉脉的温情，浓缩着岁月的精华，焕发出耀眼的光芒，照亮了历史的天空，纵使时光流逝，价值依旧永恒。

文化遗产不仅生动述说着过去，也深刻影响着当下和未来；不仅属于我们，也属于子孙后代。保护好、传承好文化遗产是对历史负责、对人民负责。2021年11月24日，中央全面深化改革委员会第二十二次会议指出："要准确提炼并展示中华优秀传统文化的精神标识，更好体现文物的历史价值、文化价值、审美价值、科技价值、时代价值。"[1]石窟寺，作为特殊类型的不可再生的文化遗产，历经千百年岁月的沧桑洗礼，已十分脆弱，需加倍保护。基于此，全面系统梳理湖北石窟寺文物资源，做一些有益的尝试与研究，对传承和延续荆楚历史文化脉络、推进湖北石窟寺保护利用具有积极意义。

---

[1] 习近平主持召开中央全面深化改革委员会第二十二次会议强调：加快科技体制改革攻坚 建设全国统一电力市场体系 建立中小学校党组织领导的校长负责制［EB/OL］. http://www.gov.cn/xinwen/2021-11-24/content_5653171.htm［2021-11-24］.

目　　录

第二章
湖北主要石窟寺

第三章
湖北石窟寺保护利用

附表

第一章

湖北石窟寺综述

第一节
历史沿革

石窟寺，通常指在河畔山崖间开凿的佛教寺庙，又简称石窟。石窟寺源于印度，孔雀王朝的阿育王时期就开始凿山开窟。开凿时间漫长，以建筑形式出现，立体表现人像及其他图像。石窟寺大多开凿在依山傍水、环境清幽的地方，与佛教徒的修禅有着密切的联系。按照佛经要求，修禅首先必须观像，也就是要谛观佛的种种相好，由静虑入定后会出现种种见佛的幻境，达到心神与佛交融的境界。因此，为满足佛教徒修禅观像所需，在石窟寺所处的天然崖壁上常雕凿有采取线刻或浮雕图案者，谓之摩崖造像。

摩崖造像最初往往与石窟寺相伴而生。只是在建成石窟寺之后的历史长河中，由于时代更替、战乱、自然和人为破坏等种种原因，部分石窟寺逐渐衰落、坍塌或消失，随之石窟寺和摩崖造像环境发生改变，两者现可能只部分独立存在，或者仅残留遗址和遗迹（本书以下所述石窟寺范畴，除单独所指外，均包含摩崖造像）。

我国开凿石窟寺约始于3世纪，盛行于5～8世纪，最晚的可到17世纪，是随着佛教势力的扩展，沿闻名于世的古老丝绸之路，经中亚、西域（现新疆地区）或缅甸一带由西向东逐渐传播到中原地区。佛教东传中，西域诸国大都信奉佛教，建寺译经，开窟造像，盛极一时。魏晋南北朝隋唐时期是我国佛教空前兴盛时期，许多重要的佛教石窟、造像都是这一时期开凿雕刻的。石窟寺本土化后，也有少量的道教或其他宗教石窟寺开凿。大型石窟寺往往是由皇家、地方豪族出资或民间筹资建造的，留下了历史的印记。分布于全国各地的石窟寺遗迹，大都录于明清地方志和游记中。

石窟寺是我国不可移动文物类别的重要组成部分，承载着丰富的历史文化信息，具有重要的历史价值、艺术价值、科学价值、文化价值与社会价值，是我国最重要的物质遗存之一。

1）历史价值：石窟寺是东西方文明交流互鉴的见证，石窟寺的发展是中国文化兼容并蓄的见证。

2）艺术价值：许多石窟寺都是艺术宝库，在我国艺术史上占有举足轻重的地位。

3）科学价值：石窟寺选址与历史背景、佛教教义、自然地理环境和人文环境紧密相关，其营造流程与分期开凿具有科学性。

4）文化价值：石窟艺术是因佛教而产生和发展的，宗教文化无疑是石窟寺文化价值的核心构成，同时中国石窟寺因其与中国文化的融合，其文化价值中也必将融合中国古代的哲学思想和价值取向。另外，由于石窟寺多开凿于景色秀丽之处，所以具有景观的特点，这也应该是文化价值研究的一个方面。

5）社会价值：许多石窟寺仍是广大信众开展民间宗教活动的场所。因此，可依托石窟寺，组织开展和引导文明健康的宗教活动，既有助于广大信众了解国家宗教政策，又可帮助信众建立新时代宗教观，并提高文物保护意识。同时，许多石窟寺还是各个城市的重要地标和情感寄托。通过对石窟寺艺术中优秀传统文化的提炼，可为构建符合中国传统的社会价值体系提供依托。

按类型分，我国石窟可分七类：窟内立中心塔柱的塔庙窟，无中心塔柱的佛殿窟，主要为僧人生活起居和禅行的僧房窟，塔庙窟和佛殿窟中雕塑大型佛像的大像窟，佛殿窟内设坛置像的佛坛窟，僧房窟中专为禅行的小型禅窟（罗汉窟），小型禅窟成组的禅窟群。

按洞窟形制和主要造像的差异，可将中国古代的石窟分为新疆地区、中原—北方地区、南方地区和西藏地区四大地区。新疆地区分布在自喀什向东的塔里木盆地北沿路线上，多为塔庙窟、大像窟、僧房窟、禅窟以及不同形制洞窟组成的洞窟组合，也有少量的禅窟群。这些不同形制的洞窟，除一般僧房窟外，窟内都绘壁画，绝大部分原来还置有塑像。中原—北方地区指新疆以东、淮河流域以北长城内外的广大地区，石窟数量多，内容复杂，除个别石窟外，多杂有摩崖龛像，是中国石窟遗迹中的主要部分，可以再细分为河西、甘宁黄河以东、陕西、晋豫及其以东四区。其中，河西和甘宁黄河以东两区多塑像壁画，陕西和晋豫及其以东两区多雕像。西藏地区石窟多为不具造像的禅窟和僧房窟。摩崖龛像分布较广，题材多释迦、弥勒、千佛、十一面观音和各种护法形象，并多附刻六字真言。南方地区指淮河以南地区，这个区域石窟数量不多，布局分散，主要内容为摩崖造像、摩崖题刻。

石窟寺是我国独具特色的文物资源，分布广泛、规模宏大、内容丰富，集建筑、雕塑、壁画、书法等艺术于一体，充分体现了中华民族彰显个性、与时俱进的审美追求，体现了开放包容、兼收并蓄的价值理念，体现了天人合一、自强不息的文化精神。概括起来，具有以下共性特点。

一是传承脉络清晰、体系完整、内容丰富、真实性保存较好的文物类别。石窟寺时代特征明显，而且相互影响，与其他不可移动文物类别相比，涵盖窟龛、壁画、塑像、雕像、题刻、碑刻等内容，体系更为完整。四大地区的石窟寺各有其不同和侧重点。尽管石窟寺原有寺庙建筑及环境遭到不同程度损毁，但现存石窟寺遗址遗迹等内容，基本保持建造时期的状态。

二是保存状况与地理环境密切相关。我国石窟寺主要分布在干旱地区、半干旱地区以及亚热带湿润地区，深受降水量影响，存在的洞窟岩体结构失稳、造像表层风化、水害及自然灾害等主要风险均与气候变化有关。石窟寺依托山体崖壁或天然洞穴开凿，为多孔结构矿物集合体，其自身具有逐渐衰减特性，受外界环境影响明显，极易产生破坏，自然风化加速，极为脆弱。

三是人工构筑物与自然山体结合的地质体。石窟寺的选址、开凿、营造等，蕴含工程地质的自然科学智慧和人文思维，既具有人为建造、艺术创作的特点，又具有地质体的构造、结构特征，与周边山水环境融于一体。石窟寺代表一种文化，山水是形，文化是神，形神兼备，相得益彰。

湖北地处长江中游，交通便利，位置独特，钟灵毓秀，人文荟萃，在我国早期佛教及其佛教造像发展史上占有重要地位。东汉末年，战乱频繁，百姓渴望精神寄托。此时，一批高僧云集荆楚大地，弘扬佛法，从而使荆楚之地成为魏晋南北朝时期佛学发展中心之一。20世纪50年代武昌莲溪寺出土的东吴永安年间铜饰牌上佛像，为我国早期佛像的重要代表，吴孙权建都武昌（今鄂州），大弘佛教，推动了境内佛教及其造像的发展。黄梅四祖寺、五祖寺对佛教宗派——禅宗的发展至为关键，使禅宗文化进一步从湖北传播到全国。湖北佛教在近代的发展也十分引人注目。武昌佛学院是近代中国运用现代化教育创办的第一所最为正规、最具影响的佛学高等学府。

湖北地区的石窟寺，少数开凿于5世纪，主要开凿于6世纪后，初步发展于隋唐，至宋元明清，历代均有遗存。唐宋期间，重庆大足地区将我国佛教造像艺术推向新的高峰，从而促进了相邻区域佛教造像艺术的发展。开凿于唐代的来凤县仙佛寺石窟毗邻重庆，深受川渝地区石窟文化影响，与该地区同时期石窟及摩崖造像多有相似之处，成为湖北石窟寺艺术成就巅峰之作。尽管明清以后，我国造像艺术总体趋向衰弱，但湖北石窟寺分布扩大，逐渐增多，处于兴盛时期。同时，受佛教禅宗广泛影响，此时期的湖北石窟寺大多造型简单和随意，小型而分散，造像施以妆彩，甚至用泥塑为供奉主体，以黄冈地区的石窟寺为代表。这充分反映了湖北石窟艺术的丰富多样性，也印证了石窟寺在湖北的发展途径。

湖北石窟寺内容广泛，涵盖历史事件、文化艺术、宗教信仰、庙宇建筑、名人逸事、民间传说等，承载着丰富的文化内涵和民众的精神寄托。从造像题材看，除佛教外，还有道教，佛道交融，甚至"儒、释、道"三教合一的内容，并表现出世俗化和地域化的特点。从造像形式上看，以常见的石窟造像为主，还有部分摩崖龛像以及摩崖造像。

第二节
分布与分类情况

　　湖北地区的石窟寺，大多散落于山野郊外、悬崖峭壁和河畔临水等偏僻之处，分布广泛，形式多样。本节简要述说湖北石窟寺分布与分类情况。

一、分布情况

　　湖北现有石窟寺（含摩崖造像）共119处，其中，石窟寺98处、摩崖造像21处。按文物级别分，全国重点文物保护单位3处、省级文物保护单位5处、县（市）级文物保护单位35处、登记文物点66处、新发现（第三次全国文物普查未登录的不可移动文物）10处。

　　湖北石窟寺，分布于12市（州）、30县（市、区），主要集中于武陵山区—秦巴山区—大别山区一带。其中，十堰市44处，黄冈市24处，襄阳市15处，恩施土家族苗族自治州9处，随州市8处，宜昌市7处，咸宁市5处，孝感市3处，武汉市、荆州市、荆门市、神农架林区各1处。

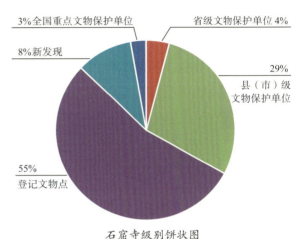

石窟寺级别饼状图

湖北石窟寺（含摩崖造像）区域分布表

序号	市州	分布县（市、区）	数量／处
1	武汉市	武昌区	1
2	十堰市	郧阳区、郧西县、丹江口市、武当山旅游经济特区、房县、竹山县	44
3	襄阳市	襄城区、南漳县、保康县、谷城县	15
4	宜昌市	兴山县、当阳市、远安县、点军区	7
5	荆州市	松滋市	1
6	荆门市	钟祥市	1
7	孝感市	大悟县	3
8	黄冈市	麻城市、罗田县、浠水县、黄梅县	24
9	咸宁市	赤壁市、通山县、崇阳县	5
10	随州市	随县	8
11	恩施土家族苗族自治州	利川市、咸丰县、来凤县	9
12	神农架林区		1
	合计	30	119

二、分类情况

（一）根据石窟寺的开凿方式、形态特点等差异分类

根据石窟寺的开凿方式、形态特点等差异，大致可以将湖北石窟寺分为以下三类。

1.天然洞穴类石窟寺

共31处。集中分布在十堰、襄阳、咸宁、宜昌等市州。

上述石窟寺基本利用天然形成的大中型石灰岩、花岗岩洞穴营建，多数在洞内平地放置可移动长方体石制神龛、神台和造像，少数在洞内石壁上直接开凿小龛或者造像，有些还在洞内营建小型砖石木材料的殿宇。此类石窟寺的布局多经过改动，寺前建筑普遍保存不好，洞窟内一般不存壁画，造像不全，且由于洞穴普遍较长、大、深，有暗河或者凝结水渗漏，通风不畅，保存环境处于潮湿状态，岩石和水流含有碳酸钙，长期堆积于石刻文物表面，导致造像本体分解和溶蚀，因此龛像和石刻文字整体保存不好。

天然洞穴类石窟寺统计表

序号	市州	名称	数量/处
1	武汉市	白云洞石窟	1
2	十堰市	郧阳区观音洞石窟、郧阳区千佛洞石窟、白龙洞石窟、安家老爷洞石窟、郧西县土门镇佛爷洞石窟、郧西县湖北口乡佛爷洞石窟、惠家河佛洞石窟、树撑岩老龙洞石窟、郧西县罗汉洞石窟、羊耳洞石窟、丹江口市千佛洞石窟、丹江口市罗汉洞石窟	12
3	襄阳市	刘秀洞石窟、金山洞石窟、阎家洞石窟、玉印岩石窟、冥阳洞石窟、古佛洞石窟、蛮王洞石窟	7
4	宜昌市	滴水观石窟、鬼谷大仙洞石窟	2
5	荆门市	华岩洞石窟	1
6	孝感市	观音洞石窟	1
7	黄冈市	仙人洞石窟寺	1
8	咸宁市	朝阳洞石窟寺、修月洞石窟寺、宝陀岩石窟寺、鼓鸣洞石窟寺、青云洞石窟寺	5
9	恩施土家族苗族自治州	观音峡石窟	1
合计			31

2. 窟龛类石窟寺

共75处。集中分布在十堰、襄阳、宜昌、孝感、黄冈、随州、恩施等市州。

上述石窟寺主要在天然崖壁的立面上开凿大小、深浅和数量不一的窟龛，窟龛整体布局较完整，有些窟龛呈现多间并列布局，也有在主窟两侧开凿侧室或者耳室。各个窟龛的形制基本为方形或长方形平顶、折顶、穹隆顶结构，大小、深浅和高矮各不相同。窟龛内多在前壁开竖长方形门，后壁和左右侧壁雕刻出长方体神台。造像采用内壁开凿或在神台上放置可移动造像两种方式。一些窟龛外壁保存窟檐残迹，窟前有用石块垫土垒砌的建筑遗迹。

3. 混合类石窟寺

共13处。主要分布在黄冈市。包括：石佛洞石窟、观音岩石窟寺、赵家崖石雕、什子河石窟寺、方姑洞石窟寺、狮子涎石窟寺、万姑洞石窟、大塘垮摩崖造像、虎母山摩崖造像、天保山摩崖造像、两河岗摩崖造像、石洞山摩崖造像、云根寺摩崖造像。

窟龛类石窟寺统计表

序号	市州	名称	数量／处
1	十堰市	郧阳区罗汉洞石窟、罗汉寨石窟、徐家湾佛洞石窟、佛洞石窟、白鹤岩石窟、上津佛爷庙石窟、双掌佛洞石窟、马家沟佛洞石窟、小河口石窟、观音庙石窟、张三丰石窟、石窟庙石窟、观音岩石窟、红花岩石窟、铁炉石窟、宝堂寺石窟、房县观音洞石窟、桃园石窟、老母殿石窟寺、岩屋寺石窟、窑场佛洞石窟、塘溪佛洞石窟、朝阳观石窟寺、房县佛爷庙石窟、三元千佛洞石窟、门凳岩石窟、娘娘庙石窟、三官庙石窟、沧浪山五佛洞石窟、龙头包佛爷洞石窟、太玄洞石窟、老君岩石窟	32
2	襄阳市	磨刀观石窟、石牛坪石窟寺、观音台岩庙石窟、水晶行宫石窟、观音堂石窟、玄坛祠石窟、万佛洞石窟、千佛洞石窟	8
3	宜昌市	虎子岩石窟、鹿苑寺石窟、钟家岩屋石窟、干柴菩萨庙石窟、干柴土地菩萨庙石窟	5
4	荆州市	仙人洞石窟	1
5	孝感市	观音岩摩崖造像、观音庙摩崖造像	2
6	黄冈市	唐王洞石窟、徐家园石窟、葫芦石摩崖造像、白莲崖摩崖造像、白石山摩崖造像、城山摩崖造像、三台山摩崖造像、岳林寺摩崖造像、石和湾摩崖造像、菩萨墩摩崖造像	10
7	随州市	柏树岗千佛洞石窟、观音岩石窟、皇姑洞石窟、黄龙寺观音岩石窟、栲栳寺石窟、鲁班洞石窟、牛角尖仙人洞石窟、神仙洞石窟	8
8	恩施土家族苗族自治州	观音岩卡门摩崖造像、观音岩石窟、黑洞子摩崖造像、龙头溪佛龛石窟、睦家寨摩崖造像、观音庙摩崖造像、王母城石窟、仙佛寺石窟	8
9	神农架林区	天观庙摩崖造像	1
	合计		75

上述石窟寺充分利用坡地上的天然巨石岩为窟顶，其下用不规则长方形石块或砖围砌窟左右壁和前壁，并在前壁中央开长方形门，窟内面积在1～4平方米，窟内安置单体可移动造像或者摩崖小龛造像，不见窟前建筑。受岩体结构和坡地地形以及洪水、泥石流等影响，窟前围砌结构容易失稳和坍塌，窟室有被水淹、泥土淤塞和倾倒风险，后期修补迹象也明显，对文物原状有较大影响。

（二）根据石窟寺的宗教属性分类

根据石窟寺的宗教属性，大致可以将湖北石窟寺分为佛教石窟、道教石窟、佛道教兼合石窟、儒佛道"三教合一"石窟及其他等五类。

石窟寺宗教属性统计表

序号	宗教属性	名称	数量/处
1	佛教	白云洞石窟、郧阳区观音洞石窟、郧阳区罗汉洞石窟、郧阳区千佛洞石窟、白龙洞石窟、安家老爷洞石窟、郧西县土门镇佛爷洞石窟、罗汉寨石窟、徐家湾佛洞石窟、佛洞石窟、郧西县湖北口乡佛爷洞石窟、白鹤岩石窟、惠家河佛洞石窟、双掌佛洞石窟、上津佛爷庙石窟、郧西县罗汉洞石窟、马家沟佛洞石窟、小河口石窟、羊耳洞石窟、观音庙石窟、丹江口市千佛洞石窟、石窟庙石窟、丹江口市观音岩石窟、铁炉石窟、岩屋寺石窟、窑场佛洞石窟、塘溪佛洞石窟、朝阳观石窟寺、房县佛爷庙石窟、三元千佛洞石窟、门凳岩石窟、娘娘庙石窟、三官庙石窟、沧浪山五佛洞石窟、龙头包佛爷洞石窟、石牛坪石窟寺、观音台岩庙石窟、观音堂石窟、金山洞石窟、万佛洞石窟、阎家洞石窟、玉印岩石窟、冥阳洞石窟、古佛洞石窟、千佛洞石窟、蛮王洞石窟、虎子岩石窟、滴水观石窟、鹿苑寺石窟、干柴菩萨庙石窟、干柴土地菩萨庙石窟、仙人洞石窟、华岩洞石窟、观音洞石窟、观音岩摩崖造像、观音庙摩崖造像、徐家园石窟、石佛洞石窟、观音岩石窟寺、什子河石窟寺、方姑洞石窟寺、狮子涎石窟寺、万姑洞石窟、仙人洞石窟寺、大塘塆摩崖造像、虎母山摩崖造像、天保山摩崖造像、两河岗摩崖造像、葫芦石摩崖造像、石洞山摩崖造像、云根寺摩崖造像、白莲崖摩崖造像、白石山摩崖造像、城山摩崖造像、三台山摩崖造像、岳林寺摩崖造像、石和湾摩崖造像、菩萨墩摩崖造像、朝阳洞石窟寺、修月洞石窟寺、宝陀岩石窟寺、鼓鸣洞石窟寺、青云洞石窟寺、柏树岗千佛洞石窟、随县观音岩石窟、皇姑洞石窟、黄龙寺观音岩石窟、栲栳寺石窟、鲁班洞石窟、牛角尖仙人洞石窟、神仙洞石窟、观音峡石窟、观音岩卡门摩崖造像、利川市观音岩石窟、黑洞子摩崖造像、龙头溪佛龛石窟、睦家寨摩崖造像、观音庙摩崖造像、王母城石窟、仙佛寺石窟、天观庙摩崖造像	101
2	道教	红花岩石窟、桃园石窟、张三丰石窟、老母殿石窟寺、太玄洞石窟、钟家岩屋石窟	6
3	佛道教兼合	树撑岩老龙洞石窟、房县观音洞石窟、老君岩石窟	3
4	儒佛道"三教合一"	丹江口市罗汉洞石窟	1
5	其他	宝堂寺石窟、磨刀观石窟、刘秀洞石窟、玄坛祠石窟、水晶行宫石窟、鬼谷大仙洞石窟、唐王洞石窟、赵家崖石雕	8
	合计		119

第三节

基本特征

在佛教沿古丝绸之路由西向东、向南传播过程中，石窟寺在南方地区广为营造。特别是随着唐代综合国力的强盛，佛教石窟寺在长江流域以南地区广泛开凿，尤其在川渝地区达到高潮。湖北石窟寺深受北方地区和周边地区石窟寺风格影响及本土文化冲击，既在传承脉络、形态规制、文化内涵等方面具有共性，又在内容关联、规模体量、分布类别等方面自成体系。其基本特征有以下几项：

（1）规模普遍不大

从文物本体看，全省石窟寺大部分体量不大，以中小型石窟为主，保护面积超过10000平方米的仅有仙佛寺、宝堂寺等数处。从造像数量看，25处各有1尊造像，6处各有2尊造像，28处各有3尊及以上造像，其他石窟寺均无造像或已毁无存。从窟龛数量看，28处各有1个窟龛，7处各有2个窟龛，15处各有3个及以上窟龛，其余石窟寺均无窟龛或已毁不存。题记、碑刻铭文及其他附属文物较少，窟内大多不存有壁画、彩塑、彩绘等。

（2）早期石窟偏少

全省石窟寺中，时代单一的窟多。按开凿年代分，唐代6处、宋代4处、元代3处、明代43处、清代59处、年代不详4处。唐宋以前时期石窟偏少，不足10%；明清时期石窟寺较多，占总数的85.7%；跨时代长期连续雕凿的窟少，不足6%。各时期的石窟形制特征也有所不同，唐宋时期石窟复杂且精美，明清时期石窟则简单且随意。

（3）分布相对集中

红色砂岩地貌为开凿石窟提供了便利的物质条件，石窟空间分布与佛教及佛教艺术的传播密切相关。因此，湖北石窟寺集中分布在秦巴山、武陵山、大别山等偏远山区。其他地区较少，黄石、鄂州、仙桃、天门、潜江等5市既无石窟寺，也无摩崖造像。从开凿题材来看，以佛教石窟为主，兼有其他宗教石窟。除传统佛教外，受"三教合一"的影响，武当山一带部分石窟有浓厚的道教色彩，如房县桃园石窟、丹江口市张三丰石窟、武当山太玄洞石窟等是道教石窟遗存，武当山老君岩石窟岩则是早期佛道交融的佐证，而丹江口市罗汉洞石窟是武当山地区儒、释、道三教同窟的证物。

（4）类别广泛多样

除了传统石窟寺外，还有体现湖北地方特色的石窟类别。一是与洞窟形制有关，如当阳市钟家岩屋石窟，以天然岩石为顶、壁，巧妙凿刻而成；利川市观音岩卡门摩崖造像，卡门以规整条石砌成，造像别具土家族风情。二是与历史人物有关，如襄阳市刘秀洞石窟，为民间传说王莽带兵追赶刘秀到岘山，刘秀躲于此洞逃避；蛮王洞石窟也与王莽有关；麻城市唐王洞石窟，为唐王李世民当年路过在此休息。三是与造像风格有关，如罗田县大塘埯摩崖造像，观音像面朝石壁，背面朝外，为罕见的反背观音形象；黄梅县菩萨墩摩崖造像，双肩处刻有螺旋纹图案，这与传统佛教文化中佛像常在妆发上使用螺旋纹迥异。此外，鄂西北地区石窟常有无首佛像。

（5）保存状况差异明显

全省119处石窟寺，高级别文物少，低级别文物多。省级及以上文物保护单位仅8处，占6.7%；县（市）级及以下文物保护单位111处，占93.3%，低级别文物特别是未定级文物占绝大多数。从保存情况看，省级及以上文物保护单位整体保存情况较好，县（市）级及以下文物保护单位整体保存情况一般，有两处未定级文物被水淹没或土掩埋。许多低级别文物处于自然存在状况，安全风险较高，保存现状不容乐观。

第四节
湖北石窟寺保存现状

　　石窟寺作为石质文物，保存现状与历史背景、环境条件、地质特征、岩石结构、气候特点以及风险病害等关联密切。湖北石窟寺类型多样，内容丰富，地理环境和文化表现各具特点，在自然和人为因素影响下，其保存现状各不相同。主要表现在：石窟寺原生态环境较好、布局整体完整、主要窟龛的形制和结构较好保存，不少造像和碑刻的整体形态和细部特征得以保留，有些还可以辨认其宗教属性，显示了其良好的文化价值和展示利用潜力；但部分石窟寺在洞窟形态和造像方面存在局部缺损，石刻文字和图像有不清晰之处，有的造像已损坏无存，其保存情况一般。全省119处石窟寺，根据空间分布、构造特征及数量差异等情况，分别叙述其保存状况（存在、消失）与现状评估（好、较好、一般、较差、差）。

一、十堰市、神农架林区

共有45处石窟寺和摩崖造像（十堰市44处、神农架林区1处）。其中，丹江口市官山镇观音岩石窟因两侧岩体垮塌，被土石掩埋；凉水河镇观音庙石窟因丹江口水库大坝加高，被水淹没。

十堰市石窟寺整体保存现状好的有罗汉寨石窟、宝堂寺石窟、老君岩石窟等3处，较好的有房县观音洞石窟、太玄洞石窟等2处，一般的有郧阳区观音洞石窟、郧阳区罗汉洞石窟、郧阳区千佛洞石窟、白龙洞石窟、安家老爷洞石窟、郧西县土门镇佛爷洞石窟、徐家湾佛洞石窟、佛洞石窟、郧西县湖北口乡佛爷洞石窟、白鹤岩石窟、惠家河佛洞石窟、双掌佛洞石窟、上津佛爷庙石窟、树撑岩老龙洞石窟、郧西县罗汉洞石窟、马家沟佛洞石窟、张三丰石窟、丹江口市罗汉洞石窟、桃园石窟、老母殿石窟寺、窑场佛洞石窟、朝阳观石窟寺、房县佛爷庙石窟、三元千佛洞石窟、三官庙石窟、沧浪山五佛洞石窟、龙头包佛爷洞石窟等27处，较差的有小河口石窟、羊耳洞石窟、丹江口市千佛洞石窟、石窟庙石窟、红花岩石窟、铁炉石窟、岩屋寺石窟、塘溪佛洞石窟、门凳岩石窟、娘娘庙石窟等10处。

神农架林区天观庙摩崖造像的窟龛外壁坍塌、剥离严重，造像头部缺损，身躯等部位的表面岩层剥离、溶蚀、风化以及生物病害严重，造像渐趋模糊，劣化趋势加重。整体保存较差。

造像保存情况不如窟龛。造像遭破坏甚至消失情况较多，只有少数保存较为完整。造像多为石质，石质表面多有风化并伴有烟熏病害。朝阳观石窟寺、老母殿石窟寺的造像为泥塑彩绘，且彩绘均已脱落。郧阳区千佛洞石窟保存造像20尊，大部分佛像头部损坏，但造像较清晰。老母殿石窟寺存造像20尊，但部分佛像面部模糊。此外，有部分石窟造像已毁无存，但经现代修葺人为加造佛像，如双掌佛洞石窟、树撑岩老龙洞石窟等，有损历史风貌。

窟檐结构基本不存。仅有马家沟佛洞石窟、郧阳区罗汉洞石窟、罗汉寨石窟等3处在洞窟外壁残存有檩椽或脚手架类孔洞。寺前建筑保存情况大致同窟檐，多数不存，只有少数保留下来且损毁严重。其中安家老爷洞石窟处寺前现存两层石质建筑基台；三元千佛洞石窟处寺前建筑被毁，仅存砖砌遗址；朝阳观石窟寺前建筑外壁存檩眼，为原窟前搭建庙棚所留。部分石窟寺前建有现代建筑，如上津佛爷庙石窟等。

石刻文字和图像方面，仅21处石窟寺发现碑刻，其中1处有线刻造像。朝阳观石窟寺保存碑刻最多，有10块功德碑，碑刻的文字图像保存整体较为清楚，可以有效识读。此外，佛爷庙石窟存有壁画，罗汉寨石窟、桃园石窟等存有彩绘。

二、襄阳市

共有石窟寺15处。由于历史原因，部分石窟内造像毁损严重，多数窟龛内已不见造像。

保存状况好的有蛮王洞石窟，其病害较少，造像保存完整。较好的有金山洞石窟，造像有轻微病害。一般的有古佛洞石窟、刘秀洞石窟等2处，已无法分辨造像细节。冥阳洞石窟、千佛洞石窟、万佛洞石窟、磨刀观石窟、石牛坪石窟寺、观音台岩庙石窟、观音堂石窟、水晶行宫石窟、玄坛祠石窟、阎家洞石窟、玉印岩石窟等11处保存状况较差，有病害，造像残缺不全，多已不见头部，甚至仅存石窟。

其中，7处是天然溶洞内设置小型造像，8处为在山崖壁面开凿方形、长方形拱顶或者平顶的中小型窟龛，造像多不存，少数窟多存有1～2尊。古佛洞石窟、阎家洞石窟造像较多。各窟多未发现窟前遗迹。部分保存有碑刻和摩崖题记，保存一般。洞窟年代为宋代至明清时期。

南漳县玉印岩石窟系石灰岩溶洞，洞窟结构完整，岩洞内原建有庙，雕刻多个龛像，并有高大石碑数通，后庙、龛、像大多被毁，布局不清。现存壁龛一个，龛柱有缺损，龛内所雕并列三佛坐像被毁，仅见轮廓，另有石刻造像5尊，其中3尊头部已失；石碑21通，碑刻文字保存尚好。岩洞有凝结水侵蚀破坏风险。现洞外建设有砖室墙和大门予以保护。整体保存状况较差。

三、随州市

共有石窟寺8处。均为在山崖壁面开凿多间并列方形或者长方形窟室，窟室内墙壁不见雕刻造像迹象，也不见彩绘迹象，文字题刻也罕见。年代为明清时期。

保存状况较好的有鲁班洞石窟、观音岩石窟、皇姑洞石窟、柏树岗千佛洞石窟、黄龙寺观音岩石窟等5处，其布局保存多完整，石窟结构和形制清晰，但存在风化和人为烟熏等现象。

保存状况一般的有牛角尖仙人洞石窟，洞窟壁面有较严重风化和塌损。

保存状况较差的有栲栳寺石窟、神仙洞石窟，受地质结构失稳、岩层风化、溶蚀等影响，窟体塌损和剥落严重。栲栳寺石窟的崖下附近发现地面寺院遗迹，残存零星砖石院墙和砖石构件等，其布局不清楚，保存不好。

四、宜昌市、荆州市、荆门市

共有石窟寺9处（宜昌市7处、荆州市1处、荆门市1处）。依托天然溶洞或在山崖壁面开凿洞窟，年代均为明清时期，清代居多。

整体保存状况较好的有钟家岩屋石窟。其洞窟面积较大，在山崖壁面开凿两排并列类似岩屋的窟室，岩屋间有隔墙，有侧室，内有神台、石床等设施。岩窟布局基本完整，部分窟室有坍塌损坏，造像不存。窟室前残留窟檐部分遗迹。石窟受到风化、水害、生物病害等影响。

保存状况一般的有虎子岩石窟、滴水观石窟、鹿苑寺石窟、鬼谷大仙洞石窟、干柴菩萨庙石窟、干柴土地菩萨庙石窟等6处。鹿苑寺石窟16小型窟龛布局较完整，呈方形或者长方形拱顶结构，多无像，保存一般，题刻保存较好。干柴菩萨庙石窟、干柴土地菩萨庙石窟规模较小。

保存状况较差的有仙人洞石窟、华岩洞石窟等2处。两石窟分别有上下两排11个和9个窟室，布局较完整，石窟形制为方形或长方形穹隆顶结构，窟室前残有柱廊，但窟室受到风化、水害影响，保存较差。仙人洞石窟第6窟、第7窟、第8窟均洞口垮塌，部分被山石、泥沙掩埋，造像全无。

五、恩施土家族苗族自治州

共有9处石窟寺和摩崖造像。该地区石窟寺和摩崖造像分两类，一类是利用天然溶洞建造，如观音峡石窟；另一类有8处，直接在崖壁上造龛像。仙佛寺石窟龛像数量众多（16龛27像），布局完整，有4个龛及其造像规模大；其余石窟寺的龛像均数量少（1~7个）、规模小。有些还有窟檐和石刻文字。年代从唐代至清代。

保存状况为好的有仙佛寺石窟、观音峡石窟、龙头溪佛龛石窟等3处。仙佛寺石窟布局保存完整，4个大龛的龛结构、造像等都较清楚，窟檐保存清晰的疑为檩或椽孔遗迹。该石窟寺已经实施多项文物保护工程，保存质量整体可控。但石窟的K10~K16等7个小龛及其造像受到风化、水害和生物病害的影响，造像的头、身、手势、法物、衣饰、基座等关键部位很不清晰，面临加重消亡的风险。观音峡石窟的个别造像受到溶洞碳酸盐的溶蚀、潮湿环境的影响，有加速劣化的趋势，墨书题记已开始模糊。

保存状况为较好的有观音岩石窟、黑洞子摩崖造像等2处。布局基本完整，窟龛、造像、题刻文字等的结构和形态基本完整、清楚。

保存状况为一般的有睦家寨摩崖造像、王母城石窟、观音庙摩崖造像、观音岩卡门摩崖造像等4处。个别造像和碑刻文字也因风化导致细部特征模糊。

六、武汉市、孝感市

共有石窟寺和摩崖造像4处（武汉市1处、孝感市3处）。

保存状况较好的有白云洞石窟。依托天然溶洞建造，洞窟较完整，唐代佛像罕见，保存有造像肩腹部和腿部，佛头和底座被切割，明清题刻文字清晰。

保存状况一般的有观音岩摩崖造像。顶部山岩发现摩崖龛像两个，可辨认有观音像，石刻题记表明为南宋遗物。造像受到结构失稳和风化影响，造像不够清晰。

保存状况较差的有观音洞石窟。利用一天然花岗岩洞窟开凿，洞窟形制基本保存完好，开凿时代为清代。洞窟因现当代人为修造活动的进行，布局改动较大，石窟所处崖壁结构也不稳定。

保存状况差的有观音庙摩崖造像。在坍塌的岩石上可见清代送子观音造像，由于风化作用及植物、微生物破坏，造像已模糊不清。据调查，观音像上方南侧山崖之上在清代原有多座观音像，并在山崖底部建有一座观音庙，但由于山体滑坡导致观音像和观音庙全毁。

七、黄冈市

共有石窟寺和摩崖造像24处。分为三类。

一是集中分布在浠水县、罗田县，主要在山崖壁面开凿一个小浅龛，龛内雕单像，龛像保存较好，但普遍被现代浓厚彩妆装饰，严重影响造像原貌。龛前多当代建的单间砖木房屋建筑予以保护。

二是麻城市唐王洞石窟，它凿于陡峭红砂岩山壁，形制为带半圆形拱门的平面近似椭圆形穹隆顶窟室，造像不存，窟室保存较好。

三是分布在麻城市、黄梅县，主要利用天然巨石岩为窟顶，其下用石块围砌窟左右和前壁，并在前壁开门，窟内安置单体可移动造像或者摩崖小龛造像，不见窟前建筑。造像保存较好，但是受到岩体和围砌结构失稳的影响，窟室保存不佳，有倾倒风险。

整体保存状况较好的有石佛洞石窟、仙人洞石窟寺、菩萨墩摩崖造像等3处，洞窟形制基本保存完整，但部分佛首缺失。

保存状况一般的有徐家园石窟、观音岩石窟寺、三台山摩崖造像、岳林寺摩崖造像等20处，风险病害较多，洞窟部分有损，造像残损或已毁无存。

保存状况较差的有赵家崖石雕，风化严重，模糊不清，已成为天然景观，不具备文物价值。

八、咸宁市

共有5处石窟寺。

整体保存状况一般。石窟寺均在天然岩洞内用砖石材料建筑造一间或两间的寺庙，前接木构建筑，内砌神台，石门的题刻清晰。原结构布局有一定改动。造像或不存，或辅以现代造像。保存的多块碑刻题记的文字多可识读。洞窟有风化和岩体结构失稳风险。洞前建有现代砖石木结构建筑保护。

第五节
湖北石窟寺主要风险

　　湖北处于长江流域以南，属于亚热带季风性湿润气候，高温高湿，年平均降水量较多。全省地形复杂，东、西、北三面环山，中间低平，略呈向南敞开的不完整盆地，山地占56%，丘陵占24%，平原湖区占20%。由于受气候、地质等因素影响，湖北石窟寺存在洞窟岩体结构失稳、造像表层风化、水害、生物病害等主要风险以及人为破坏、管理不到位等其他风险。

一、洞窟岩体结构失稳

石窟寺依托自然岩石开山建造或利用天然洞穴人工加工建造，由于岩体的应力变化、调整，加之环境因素的作用，常常沿临空面产生各类裂隙，使岩体的整体性受到破坏，产生崩塌、倾覆、滑坡等不稳定性病害，严重威胁岩土文物的安全，是岩土文物普遍存在、危害极大的病害。导致石窟寺与摩崖造像岩体结构失稳的原因，主要有以下情况：

1）石窟寺开凿于承受构造应力的岩体中，在构造应力长期作用下，构造面形成破碎带、裂隙，进而影响到相关位置的石窟寺岩体结构的稳定性。例如，咸丰县观音庙摩崖造像、崇阳县修月洞石窟等岩体失稳，即主要是由裂隙切割所致。一些建造于向斜构造岩体中的石窟寺，虽暂未受到构造面切割的直接影响，但也存在一定的风险。例如，南漳县观音堂石窟、郧西县安家老爷洞石窟等。

2）石窟寺开凿于不稳定岩层乃至夹有碎屑层的岩层中，这类岩体易外部受风化作用的影响，破坏岩体的稳定性，在裂隙与裂隙水压的形成情况下，还会强化岩体结构面的切割破坏，增加岩体的不稳性，甚至可能造成滑坡与洞窟坍塌。例如，麻城市石佛洞石窟、郧西县白鹤岩石窟等。

郧西县安家老爷洞石窟岩体内结构面切割

麻城市石佛洞石窟裂隙

利川市观音峡石窟溶蚀

　　3）石窟寺开凿于易于溶蚀的石灰岩体中，流水使岩层中的裂隙发育和扩张，裂隙水压增强，岩体结构失稳。例如，利川市观音峡石窟、崇阳县朝阳洞石窟、通山县鼓鸣洞石窟、保康县水晶行宫石窟、房县宝堂寺石窟等。

　　4）造像开凿于山体坍塌形成的滚石之上，稳定性不足，有再次侧滑位移的风险，如大悟县观音庙摩崖造像、观音岩摩崖造像等。

　　5）石窟寺洞窟存在结构性风险，如武汉白云洞石窟，其洞窟内较大的中空结构，加剧了岩体结构面的切割作用，使洞窟出现较大岩体裂隙，增加了岩体结构失稳风险。麻城市方姑洞石窟，其顶部为一完整花岗岩，下部有现代砌筑墙壁支撑，在丰雨时节，其墙体的基础结构强度降低，顶部花岗岩有倾覆的风险。

　　6）石窟寺地处近些年数次发生地震的区域，在自身岩体不甚稳固又缺少保护的情况下，存在毁于地震的可能，如宜昌市虎子岩石窟等。

　　7）在石窟寺近处开采石材的不合理行为，可能导致岩体结构的破坏，如崇阳县宝陀岩石窟寺等。

二、风化

风化病害是石窟寺雕像、题刻、壁画等文物普遍存在的病害类型之一。风化破坏的类型有各种微裂隙切割破坏；结构疏松，强度降低；表层矿物颗粒脱落、片状剥落以及起鼓、起翘破坏；风沙侵蚀；钙质、泥质沉积覆盖；生长微生物等。文物的风化破坏有其自身矿物成分衰变的因素，但主要是环境因素诱发作用产生的破坏：温差变化和干湿变化诱发岩土文物表层应力的变化；风沙的磨损、掏蚀破坏等，都会加剧岩土文物的风沙破坏。主要有以下情况：

1）石窟寺或摩崖造像所处的岩体，其岩性本身即容易受到风化剥蚀。例如，随县境内的柏树岗千佛洞石窟、观音岩石窟、观音庙石窟、神仙洞石窟等所处的砂岩，抗外力强度低、渗水性强，容易受到风力、水力作用及冻融作用的影响，而呈粉末状风化。来凤县仙佛寺石窟所处岩体中，蒙脱石含量较高，在当地干湿交替较为频繁、总体湿度较大的环境下，蒙脱石的膨胀变形加速了造像表层粉末状风化。浠水县白莲崖摩崖造像和白石山摩崖造像、麻城市观音岩石窟寺，其岩体为易受风化的片麻岩，风化形成的裂隙还会以裂隙切割的方式，进一步加深风化的破坏力。

来凤县仙佛寺石窟造像表层粉末状风化

2）岩体的层理化结构，在外力作用下易出现风化剥落或差异风化等情况，如崇阳县修月洞石窟、随县鲁班洞石窟等。

3）直接接触外部环境的石窟外立面，或直接暴露在自然环境中的造像，在长期的风化作用下，也承受着粉末状风化、开裂起翘及空鼓、风化裂隙切割等危害。例如，无窟檐保护的保康县玄坛祠石窟、大悟县观音岩摩崖造像、当阳市鬼谷大仙洞石窟等。

三、水害

水的侵蚀作用是石窟寺面临的主要病害之一。石窟寺的任何区域，只要在文物本体上有水的作用，文物的破坏就比较严重，而且这种损害现象普遍存在。水的类型多种多样，有雨水、雾水、凝结水、地下水、裂隙水、毛细水、孔隙水等。其中，裂隙水侵蚀和雨水侵蚀是最主要的水害类型。水的作用方式有机械淋蚀作用、化学溶蚀作用、浸润软化作用、迁移与沉积作用、与空气有害分子结合的污染作用、诱发微生物作用等。水的侵蚀作用虽然是潜移默化的，但后果十分严重。主要有以下情况：

1）无窟檐保护的石窟外立面和暴露在自然环境中的石刻造像，会直接受到面流水的侵害。例如，丹江口市千佛洞石窟、大悟县观音岩摩崖造像等。

丹江口市千佛洞石窟壁面流水

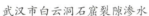

武汉市白云洞石窟裂隙渗水   南漳县玉印岩石窟水害

2）岩体中存在裂隙，会导致裂隙水破坏洞窟及其内部造像。如果受到裂隙数量较多或是裂隙较大时，甚至会形成面流水危害。建造在裂隙易于发育的石灰岩体中的石窟，多面临此两种水害。例如，钟祥市华岩洞石窟、武汉市白云洞石窟等。

3）在空气流通不畅的洞窟中，容易形成凝结水，对窟壁与造像等造成破坏。例如，南漳县玉印岩石窟、浠水县云根寺摩崖造像等。

4）在渗水性较好的砂岩中，容易存在毛细水危害。例如，当阳市钟家岩屋石窟、松滋市仙人洞石窟等。

四、生物病害

植物、动物、微生物等生物病害对石窟寺造成的危害，也是主要风险之一，如植物根系对石窟造像岩体破坏、苔藓加剧岩石表层风化等。主要有以下情况：

1）湖北全境气候适宜，降水与热量充足，利于植物与微生物的生长；岩体中普遍存在的裂隙，又为其生产提供了适宜的生长场所。植物根系的膨胀力又进一步拓宽裂隙，为植物的生长提供更充足的空间；苔藓及微生物所分泌的有机酸则腐蚀着岩体表面。因此，生物危害在诸多损害变化风险中出现频率较高。例如，丹江口市张三丰石窟、远安县鹿苑寺石窟等。

2）暴露在自然环境中的造像，更容易受到植物、微生物危害；在缺乏管理的情况下，甚至是受到动物的危害。例如，黄梅县石和湾摩崖造像、利川市睦家寨摩崖造像等。

远安县鹿苑寺石窟生物病害

五、自然灾害

根据危害发生率及其影响程度整体划分为滑坡、泥石流、洪涝、其他（除以上三种类型以外的自然灾害类型）。主要有以下情况：

1）山体裂隙发育，结构不稳，且坡度较大，在强降雨天气下，易造成泥石流与山体滑坡，如钟祥市华岩洞石窟、麻城市赵家崖石雕等。

麻城市赵家崖石雕易滑坡山体

2）所处地势较低且邻近水源，在丰水期可能面临洪涝灾害，如松滋市仙人洞石窟、大悟县观音庙摩崖造像等。

六、其他风险

由于石窟寺大多为野外露天保存，管理不到位，更易受到人类生产生活、宗教活动、过度旅游开发、盗窃等行为破坏，包括人为涂鸦、书写、烟熏、刻划、不当修复等风险。主要有以下情况：

1）被作为宗教场所使用的石窟寺与摩崖造像，在烧香礼佛的宗教活动中，增加了文物环境的烟尘污染和消防隐患。

2）个别游客随意刻划涂鸦的不文明游览行为，对文物本体保护直接造成不利影响。

3）内有花岗岩、钟乳石等少量特殊材质的石窟寺，如缺乏有效监管，存在文物环境乃至本体遭破坏的风险。

4）对造像违规实行妆彩重塑，以及建造现代造像、修建现代建筑等不当修复行为。

5）少数地区石窟寺附近存在无序开山采石，成为较大安全隐患，也影响文物与周边环境协调。

烟熏病害

湖北石窟寺，类型多样，特征各异。从地理空间分布情况看，主要集中在鄂西北、鄂西南、鄂东和鄂中等四个地区，江汉平原较少。本章按以上四个区域，遴选县（市）级以上文物保护单位和部分有代表性的登记文物点、新发现共73处进行介绍。

第二章

湖北主要石窟寺

第一节
鄂西北地区

受佛教石窟寺传播途径影响，鄂西北地区石窟寺数量相对较多，主要集中在十堰市、襄阳市、随州市及神农架林区等秦巴山区，以天然溶洞营建或在岩体崖壁上开凿石窟寺，雕刻摩崖造像。洞窟形制基本保存完整。摩崖造像整体保存较好。洞窟内多有无首佛像。

老君岩石窟

老君岩别名老君堂、老君崖、玉清岩、太清岩、太玄观。位于湖北省十堰市武当山旅游经济特区老君堂村,背靠狮子峰,与太子坡道教建筑呈阴阳相,即为东坡、西坡。南向500米为道教建筑八仙观,北距老君堂1000米。海拔596米。石窟属地武当山为秦岭大巴山余脉,群山起伏,林木繁茂,地势险峻,风光旖旎。年平均气温为13.3～13.8℃,年平均降水量为943～968毫米。

石窟开凿于唐宋时期,元、明、清三代多次修缮及增刻摩崖造像与石刻,现有洞窟1处、摩崖造像与石刻30处。石窟依崖而建,所在壁面较为陡直,洞口坐北朝南。洞窟立面呈拱形,平面呈方形,高3.2、宽4、进深2.3米。石像高坐于窟内,高2.95、下宽2.3米。像背与石壁连体,结跏趺坐。像顶部以弧形绕像一周,阳刻圆雕坐像13尊,陪衬主像。洞内左右两壁各阳刻2尊武士像,窟口两侧各有2块摩崖题刻。

右壁铭文,竖式,五行,均阴刻。第一行"大宋";第二、三行"天圣九年(1031年)七月(吉)日,老君岩王道兴记",文字为楷书,字迹遒劲有力,间隔大小一致;第四、五行"□义清石征李□省朝□□□□侄顺",文字比较工整,字体大小不等。

左壁铭文,竖式,四行,阴刻。第一行"山门庵主任道清"七字,字体较粗,笔画凿刻深,字迹清晰,隶书;第二行六字,与后人文字重叠,故多不能识;第三行"钟陵僧人宝□□□□";第四行"□乡□进士李□□□□立"。二至四行,从字体看为一人书法,字瘦长、柳体,其瘦劲清逸,精灵秀挺,运笔端雅,柔中有刚(注:□为风化辨认不清的字)。

石窟两侧存有石刻造像21处、线刻4处、石刻5处,共计30处,其中老君像西部10处、东部20处。由西至东编号为K1:1～K1:30。部分风化严重,仅少数可辨认。具体为:

K1:5,刻有隶书"太清仙境"四字,长1.06、宽0.47米。

K1:7,为"接引九仙"石刻造像。幅面长0.51、宽0.42米。上刻有9尊仙人,头戴方冠,身着宽袍,呈立相,脚踏祥云。

老君岩石窟全景

　　K1:11，石刻造像，青石质。造像高0.28、肩宽0.11、座宽0.23米。深目高鼻，头梳高髻，大耳侧立。身着道袍，衣袖宽大，垂于座下。双手置于膝上，双腿盘坐。

　　K1:13，石刻造像，青石质。造像高0.45、肩宽0.11、座宽0.19米。风化严重，仅能辨认其为坐相，头戴方冠。

　　K1:23，石刻造像，青石质，为"斗姥元君"及两位胁侍。幅面长0.81、宽0.61米。斗姥元君四头六臂，中天人相身披天青云锦法服，头戴莲花宝冠。一手托日，一手托月，一手执戟，戟上有幡，一手持杵，一手把弓，一手拈箭身坐莲花宝座，座下白玉龟台，左右有玉梵、妙梵二天王侍侧。

　　K1:25，石刻，小篆，为"蓬莱九仙"四字。幅面长0.56、宽0.37米。

　　K1:26，石刻造像，为一龙戏珠，九仙飘飘欲落，乘一条腾飞的四足三爪龙。龙身长1.33、宽0.5米，龙身上有蓬莱九仙造像，石刻线条流畅。

K1:27，石刻，楷书，风化严重，仅能辨认落款为"明弘治"（1488～1505年）及明朝钦差太监访太上岩摩崖留字。

K1:28，石刻，隶书，竖刻。幅面长2.3、宽0.45米，上书"静乐国王太子仙岩"。

老君岩是武当山古建筑群的一部分。1994年12月15日，武当山古建筑群被列入《世界文化遗产名录》。2006年5月25日，国务院将武当山建筑群公布为全国重点文物保护单位。老君岩是武当山发现的雕凿年代最早也是唯一一座石窟，其两侧为狮子峰摩崖石刻群。此类大面积的石窟及摩崖石刻，同时又汇集了宋、元、明、清等不同朝代的文字，对研究石窟寺开凿技术及宗教造像形制有重要参考价值，是武当山早期佛道交融的实物例证，也是武当山佛教兴衰的有力证据，具有极高的历史价值、艺术价值和文化价值。

老君岩石窟造像

老君岩摩崖造像

- ◆ 保护范围：文物本体面积1200平方米。东以洞窟外延50米，南以造像基根外延50米，西为绝壁，北以摩崖石刻外延40米。
- ◆ 建设控制地带：东、南、西、北四至各以保护范围外延50米。
- ◆ 保存状况：洞窟形制及窟内造像基本保存完好，石窟两侧石刻造像、线刻、石刻等部分风化严重，仅部分可辨认。窟前存有青石条砌筑的房屋基址（建筑面积1200平方米）。无窟檐遗迹。
- ◆ 保护管理：武当山旅游经济特区文物管理所太子坡管理处。
- ◆ 利用情况：未对外开放。
- ◆ 主要风险：洞窟岩体结构失稳（岩体内结构面切割），造像表层风化（粉末状风化），水害（面流水危害），生物病害（植物、微生物）。
- ◆ 保护建议：①深入开展老君岩石窟考古学研究，进一步发掘其文物价值，揭示石窟与武当山佛教、道教兴衰历史关系，丰富基础资料。②编制文物保护规划，纳入武当山总体保护规划和国土空间规划，实施文物保护工程。③开展数字化保护工作，对石窟进行三维扫描，采集相关文物信息，为保护利用提供基础档案资料。④开展风险病害治理工作，加强日常保护监测，进行稳定性分析，制定有效治理方案并有序实施。⑤落实文物安全责任，完善安全防护设施，整治周边环境，加强安全保护力量，确保文物本体安全。⑥推进文物合理适度利用，发挥文物资源优势，将石窟纳入武当山旅游线路景点，完善周边相关配套设施，促进文物与旅游深度融合发展，实现综合效益最大化，扩大社会影响力。

罗汉寨石窟

　　罗汉寨石窟位于湖北省十堰市郧西县店子镇天宝山村八组天保山顶绝壁。海拔1360米。地处秦岭东段南麓丘陵山地，年平均气温13.1℃，年平均降水量700～900毫米。属石灰岩喀斯特地貌，形成有丹霞特征的高山石林。

　　石窟开凿于明代，坐北朝南，利用天然岩壁开窟雕凿而成，明成化年间成为佛教圣地。共存3处石窟，有摩崖造像11尊、石刻罗汉像7尊，为鄂西北地区保存最为完好的石窟寺。石窟编号为K1～K3。K1共6尊造像（编号为K1:1～K1:6），呈"上三中二下一"倒三角排列，上3尊为三世诸佛；中2尊为立像，为阿难陀与摩诃迦叶；下1尊，为地藏王菩萨。K2共2尊佛像（编号为K2:1、K2:2），在K1右下平列，为药王菩萨与药上菩萨。K3共3尊造像（编号为K3:1～K3:3），与K1并列。在每组造像群上均镶有保护性石板短檐。另在崖下地面有7尊姿态各异的罗汉像置地摆放（原为18尊，部分已遗失），其高0.6米。具体为：

　　K1:1，燃灯佛像。高1.15、座宽1.05、肩宽0.58米。原饰有彩绘，现已脱落。肉髻低平，螺发细密。面相方圆，大耳垂立，眉眼细长而高挑，深目高鼻，双眸低垂，微睁下视。鼻梁于额直下作扁平柱形，双唇较厚，头部稍低略作俯视状。短颈，宽肩，腹部略凸，身体粗壮。着袒右肩式袈裟，衣纹宽而疏朗，下摆衣襞较规整。右手自然下垂，手心向内，置于右膝盖与小腿腹之间，左右置于下腹，手心向上。单跌右足，跗于左足上，结吉祥半跏坐于三层仰覆莲瓣台上。

　　K1:2，释迦牟尼佛像。高1.14、座宽1.11、肩宽0.59米。原饰有彩绘，现已脱落。肉髻低平，螺发细密。面相方圆，大耳垂立，眉眼细长而高挑，深目高鼻，双眸低垂，微睁下视。鼻梁于额直下作扁平柱形，双唇较厚，头部稍低略作俯视状。短颈，宽肩，腹部略凸，身体粗壮。胸部饰瑞相纹，着袒右肩式袈裟，衣纹较宽，下摆衣襞较规整。右手自然下垂，手心向内，置于右膝盖与小腿腹之间，左手置于下腹，手心向上。单跌右足，跗于左足上，结吉祥半跏坐于三层仰覆莲瓣台上。

　　K1:3，弥勒佛像。高1.15、座宽1.07、肩宽0.61米。原饰有彩绘，现已脱落。肉髻低平，螺发细密。面相方圆，大耳垂立，眉眼细长而高挑，深目高鼻，双眸低垂，微睁下视。鼻梁于额直下作扁平柱形，双唇较厚，头部稍低略作俯视

罗汉寨石窟全景

状。短颈，宽肩，腹部略凸，身体粗壮。着袒右肩式袈裟，衣纹较宽，下摆衣襞较规整。右手自然下垂，手心向内，置于右膝盖与小腿腹之间，左手置于下腹，手心向上。单跌右足，跏于左足上，结吉祥半跏坐于三层仰覆莲瓣台上。

K1:4，阿难陀像。高0.81、座宽0.41、肩宽0.31米。原饰有彩绘，现已脱落。面相丰满清秀，巨耳垂肩，神采俊逸。身着交领衣，外披袈裟，以褡裢钩挂于左肩处，下着长裙，双手合掌恭立，脚蹬云头鞋，立于覆莲座上。

K1:5，摩诃迦叶像。高0.82、座宽0.44、肩宽0.32米。原饰有彩绘，现已脱

落。面相苍老，有历经磨难、饱受风霜之态。身着交领衣，外披袈裟，以裙襟钩挂于左肩处，下着长裙，双手合掌恭立，脚蹬云头鞋，立于覆莲座上。

K1:6，地藏王菩萨像。高0.72、座宽0.54、肩宽0.38米。原饰有彩绘，现已脱落。螺发上戴毗卢帽，面轮方圆丰雍，大耳垂肩。眉眼细长而高挑，深目高鼻，眉间有一白毫相光。双眸低垂，微睁下视。鼻梁于额直下作扁平柱形，双唇较厚，头部稍低略作俯视状。身着袈裟及僧祇支，外披天衣，下着僧裙，颈戴项圈，腰部有一束带，上有红色彩绘。右腿支起，右手搁置膝上，左腿盘于身前，左手抚于座上，呈自在舒坦之姿势，为游戏坐。

K2:1，药王菩萨像。高0.81、座宽0.58、肩宽0.48米。原饰有彩绘，现已脱落。顶戴宝冠，面目慈祥，大耳垂肩。身披袈裟，左手握拳，置于腰部，右手屈臂，置放胸前，着云头鞋端坐于莲台上。

K2:2，药上菩萨像。高0.78、座宽0.55、肩宽0.39米。原饰有彩绘，现已脱落。面目慈祥，大耳垂肩。身披袈裟，腰间系一带，开腿垂膝，右腿外撇，双手置于膝上。

K3:1，高0.85、座宽0.61、肩宽0.47米。饰有彩绘。肉髻低平，螺发细密。面相方圆，大耳垂立，眉眼细长而高挑，深目高鼻，双眸低垂，微睁下视。鼻梁于额直下作扁平柱形，双唇较厚，头部稍低略作俯视状。短颈，宽肩，腹部略凸，身体粗壮。着袒右肩式袈裟，衣纹较宽，下摆衣襞较规整。右手自然下垂，手心向内，置于右膝盖与小腿腹之间，左手置于下腹，手心向上。单跌右足，跐于左足上，结吉祥半跏坐于两层仰覆莲瓣台上。

K3:2，高0.82、座宽0.62、肩宽0.49米。饰有彩绘。肉髻低平，螺发细密。面相方圆，大耳垂立，眉眼细长而高挑，深目高鼻，双眸低垂，微睁下视。鼻梁于额直下作扁平柱形，双唇较厚，头部稍低略作俯视状。短颈，宽肩，腹部略凸，身体粗壮。着袒右肩式袈裟，衣纹较宽，下摆衣襞较规整。右手自然下垂，手心向内，置于右膝盖与小腿腹之间，左手置于下腹，手心向上。单跌右足，跐于左足上，结吉祥半跏坐于两层仰覆莲瓣台上。

K3:3，高0.84、座宽0.66、肩宽0.51米。饰有彩绘。肉髻低平，螺发细密。面相方圆，大耳垂立，眉眼细长而高挑，深目高鼻，双眸低垂，微睁下视。鼻梁于额直下作扁平柱形，双唇较厚，头部稍低略作俯视状。短颈，宽肩，腹部略凸，身体粗壮。着袒右肩式袈

罗汉寨石窟造像

裟，衣纹较宽，下摆衣襞较规整。右手自然下垂，手心向内，置于右膝盖与小腿腹之间，左手置于下腹，手心向上。单跌右足，跗于左足上，结吉祥半跏坐于两层仰覆莲瓣台上。

　　造像东部为一天然石窟，人工修建有水泥台阶通向内部，窟内放置1尊现代观世音菩萨像。石窟前有现代寺庙建筑，造像前为一水泥平台。罗汉寨石窟顶部背后就是古兵寨，山寨现存三个古城门，城门高约4.5、宽约3米，用青石条筑成。

石窟前部留有朱元璋登临天宝山所留诗句："寡人游览到圣地，观望山景世间稀。药王神像犹常在，庙宇不存空留地。四顾山光接山光，万里江山锦绣妆。日出金霞映大地，两座玉峰指上苍。一山接连无数山，弯弯曲曲似龙盘。五色彩云耀大地，万山朝拜天宝山。"

据残存光绪三十二年十月的碑刻记载："罗汉仙寨，金宝山名，洪化年间（1678～1681年，吴三桂孙吴世璠年号）兴三尊大佛，侍奉至今。"可见罗汉寨石窟不是一次凿成。清宣统年间，旬阳、镇安、郧西三县的富豪士绅筹资重修罗汉寨。

罗汉寨石窟地处鄂西北山区，文物本体因山就势，与周边环境、山水融为一体，极为协调。其造像主次分明，工艺精湛，虽规模不是很大，但在十堰地区不多见，其文物价值、艺术价值、景观价值十分突出。罗汉寨石窟对当地佛教文化传播及民间信仰变迁研究起到了重要作用，对研究鄂西北地区佛教造像艺术及当地宗教史提供了重要参考。1985年8月15日，郧西县人民政府将其公布为县级文物保护单位。2008年3月27日，湖北省人民政府将其公布为省级文物保护单位。

- ◆ **保护范围：**以石窟本体为界，东、西、南三面各向外延伸50米，北面向外延伸20米，文物保护范围面积7000平方米。
- ◆ **建设控制地带：**以保护范围四至为界，东、西、南面各向外延伸200米，北面为山崖边界。建设控制地带面积80000平方米。
- ◆ **保存状况：**洞窟形制及造像基本保存完整；部分造像被人为涂刷油漆和腿部被水泥修补。窟前有现代寺庙建筑。无窟檐遗迹。
- ◆ **保护管理：**郧西县博物馆负责文物保护管理工作。2008年成立了以镇政府副镇长为组长，镇派出所所长、文化站站长为副组长的"罗汉寨石窟安全保护工作领导小组"，具体负责罗汉寨石窟安全保护的组织领导工作。日常安全管理工作由店子镇文化站具体负责，并确定两名专职保护人员。
- ◆ **利用情况：**未对外开放。
- ◆ **主要风险：**洞窟岩体结构失稳（岩体内结构面切割），风化（石窟造像表层粉末状风化），生物病害（植物的根劈作用），其他风险（人为不当修复）。
- ◆ **保护建议：**①开展考古学研究，进一步发掘其文化内涵，丰富历史资料，编制文物保护规划。②开展风险病害治理工作及无（微）损检测技术研究，编制合理有效的风险病害治理方案。③开展数字化工作，对罗汉寨石窟造像进行三维扫描，全息记录文物及相关遗迹信息，为保护、研究及合理利用提供基础档案信息。④完善展示利用设施及周边交通条件，与古兵寨整合开发旅游项目，作为乡村文化遗产，纳入国家乡村振兴战略规划，促进文旅融合发展。⑤建立罗汉寨石窟安全长效机制，完善安全防护设施，落实文物安全责任，确保文物安全。

宝堂寺石窟

宝堂寺又名石佛寺，位于湖北省十堰市房县尹吉甫镇齐心沟村二组。海拔829米。年平均气温在14.2℃左右，年平均降水量830毫米。石窟所处位置属于房县二高山地区，周围树木丛生，山势陡峭。

石窟建筑规模宏大，属鄂西北地区少有，且工艺奇特。据"万峰山宝堂寺建造记"碑文载：始建于汉明帝时期，历代香火旺盛，到大明正德十一年（1516年）规模达到空前。清道光十七年、三十年两次扩修。石窟坐西朝东，总平面呈"凸"字形，三进院落。分前殿、后殿，寺内供奉尹吉甫、三清、十八罗汉神像，整个宝堂寺占地1200平方米，原建筑面积800平方米，上下石窟85平方米。前殿为砖木结构，原有十二间房均已毁损，仅余山门和房屋基础，以及大量石构件石窗、石盆、记事碑、石香炉等。后殿坐西朝东，为上下两窟，人工开凿于陡峭的岩壁上，属仿木形制石窟，窟外崖面较陡直。

前殿两侧原有配房各六间，已毁，中间轴线两侧有石碑二座。右为龟驮碑，高3、宽1米，碑帽为二龙戏珠纹浮雕，碑文为"房县万峰山宝堂寺立碑记"，详细记载建庙经过，碑座为翘首石龟，雕刻手法质朴粗犷，生动逼真。左为"房县万峰山宝堂寺建造记碑"，形制同右，但无龟座，残损严重。由碑座至西8米为二层台，高1.4米，中间有石制大门一道，现仅存左右石鼓（浅

宝堂寺石窟全景

宝堂寺石窟局部造像

浮雕瑞兽图案），过门石一道（浅浮雕花草图），石门宽1.55米。大门至西5.6米
为三层台面，岩石砌挡土墙，高2、宽3.72米。

　　后殿下层石窟倚山开凿而成，长9、宽4.8、高4米，大门为石质仿木门框，
两侧有四扇仿木石制隔扇花窗。大门两侧门站枋浅刻牡丹缠枝连续纹，石窗为四
瓣花纹镂空纹饰，上下窗框饰花草纹，窟内人工开凿有高1、宽1.6米的神台，两
侧为高1、宽0.85米神台，窟内石壁布满100毫米左右方形石孔（应为原施工下殿
所留），未见供奉神像。下层石窟大门右上方岩壁开凿一石洞，深0.4米，原供

神像无存。另窟内存放有原宝堂寺散落的石构件以及石窗、石盆、记事碑、石香炉等。

后殿上层石窟由后殿右侧倚山开凿38级台阶而上，外侧砌石护栏板，通上层石窟，石窟外侧靠外砌有石制仿木石栏板。栏板饰花草纹，上层石窟分三室，人工开凿而成，正室高2.85、宽3米，面积7.7平方米，内凿石神台上供三清（已破损无头）。左右开凿耳室，大小形制相同，内神像已损，凿有神台和拜台。

宝堂寺石窟是为纪念中华诗祖——尹吉甫而建的纪念建筑，具有非常高的历史价值和艺术价值，是研究我国古代《诗经》的起源及流传的重要佐证。1991年，房县人民政府将其公布为县级文物保护单位。2008年3月，湖北省人民政府将其公布为省级文物保护单位。

- ◆ **保护范围**：以石窟寺为中心，向东平行延伸70米至古戏台东侧，向西平行延伸30米至水潭西侧，向南平行延伸120米至石塔墓南侧，向北平行延伸8米至水窖北侧，面积约13000平方米。
- ◆ **建设控制地带**：根据保护范围四至边界，向东平行延伸至白渔河沟，向西延伸至万峰山山脊，向北至居民住房，向南平行延伸至居民住房，面积约105000平方米（含保护范围）。
- ◆ **保存状况**：洞窟形制基本保存完整；造像部分破损较重，部分已毁无存。窟前存有建筑石构件和寺院遗址，无窟檐遗迹。
- ◆ **保护管理**：房县博物馆。
- ◆ **利用情况**：已对外开放，无主要服务设施。
- ◆ **主要风险**：洞窟岩体结构失稳（岩体内结构面切割），生物病害（植物、微生物），其他风险（烧香烟熏等人为破坏）。
- ◆ **保护建议**：①在已有基础上深入开展考古学研究，进一步发掘其文化内涵。②编制文物保护规划，开展保护性设施建设工程。③开展风险隐患治理，清除岩体和石窟表面植物与浮土，勘察岩体与墙壁上附着情况，进行加固处理。④进一步做好文物展示利用工作，建设《诗经》文化展览陈列室、石雕石刻、遗迹展览陈列室，改善原有遗存的保护条件，将流散文物合理布展在室内，发挥文物的历史文物教育功能，展示宝堂寺石窟相关历史文化信息、《诗经》文化相关研究成果。⑤做好旅游开发中的文物保护工作，完善安全防护设施，开展日常安全检查巡查，确保文物安全。

房县观音洞石窟

观音洞石窟位于湖北省十堰市房县城关镇炳公村一组，前揖凤岭，后枕龙岗。海拔740米。年平均气温14.2℃左右，年平均降水量830毫米。四周树木苍翠，风景秀丽。

石窟始建于清道光二十二年，开凿于石灰岩体，并依洞建庙，由四川巴山县道人李元本募化修建。现存观音洞、关帝洞两个洞窟，两洞直线距离约15米。厢房共三间，为硬山抬梁砖木结构，形制结构保存基本完整。洞前有600余级台阶盘旋而下，有山门直到东沟谷底。

观音洞高约4.5、宽6.5米，占地约40平方米，殿内供奉观音大士。关帝洞高约4.1、宽6.2米，占地约30平方米，殿内供奉关帝。洞东侧随山势构建配房三间，为硬山式抬梁结构，面阔三间，占地2000平方米。洞口有一石碑，碑文记载："清道光二十二年，四川巴山县道人李元本游至房陵，见此山层峦环绕，似为云尘之道，遂驻鹤于兹。"

从观音洞折回上山顶有一祖师殿，祖师殿由唐中宗李显建于688年，毁于清顺治二年，后经现代复修。祖师殿和玄武宫实为一上一下呈中轴线分布。一进玄武宫，一个龟蛇图腾形象映于眼帘，据《玄武神的演变》所记"修是蛇，而鲧则是鳖，鳖与龟为同类形象"。

观音洞石窟是研究房县地区清代石窟寺形制及发展的重要物质遗存，对佛教史及佛道交融思想研究有重要参考作用，具有较好的历史价值和

房县观音洞石窟全景

文化价值。1987年，房县人民政府将其公布为县级文物保护单位。1996年，房县城关镇人民政府成立观音洞风景管理处，修缮配房。2002年，湖北省人民政府将其公布为省级文物保护单位。

房县观音洞石窟近照

- ◆ 保护范围：以房屋和观音洞石窟、关帝洞为重点保护范围。
- ◆ 建设控制地带：以观音洞石窟为中心向东、西、南、北各延伸500米为界。
- ◆ 保存状况：洞窟形制基本布局保存完好，造像已毁无存。石窟北部存有现代修缮的祖师殿。
- ◆ 保护管理：房县民族宗教事务局。
- ◆ 利用情况：依托观音洞石窟文物，成立观音洞风景管理处，供开放参观。
- ◆ 主要风险：洞窟岩体结构失稳（岩体内结构面切割）。
- ◆ 保护建议：①深入开展考古学研究，进一步发掘其文化内涵，编制文物保护方案。②对石窟、岩体进行检测，开展安全隐患评估，建立长期有效的监测体系，实施风险治理工作。③进一步做好观音洞石窟的文物保护和展示工作，利用保护性设施建设石雕石刻、遗迹展览陈列室，改善原有遗存的保护条件，发挥文物的社会教育功能。④做好旅游开发中的文物保护工作，加强日常维护保养，落实巡查检查制度，确保文物本体安全。

郧西县湖北口乡佛爷洞石窟

　　佛爷洞石窟位于湖北省十堰市郧西县湖北口回族乡三十六岩村四组。海拔1337米。地处鄂西北边陲，扼秦楚要冲，境内层峦叠嶂，沟壑纵横。年平均气温10.8℃，是典型的高寒地区。

　　石窟开凿于东西走向的自然山体中下部，始建于明代，洞口坐北朝南。共有洞窟1处，为人工修凿，俗称东老寺场。石窟平面形状近长方形，立面呈拱形。洞窟进深5.07米，窟口高2.34、宽1.65米，窟内高3.12、宽1.82米。洞内有5套莲花座，雕刻精细，图案有麒麟等；有三通石碑，为康熙年间、同治十三年的维修功德碑。窟外原建有庙宇，已毁，现窟口前仅留建筑基址，残高1.5、长约15、宽约5米。窟外石壁留有方形、圆形孔洞，应为搭建窟前建筑所用。

郧西县湖北口乡佛爷洞石窟全景

郧西县湖北口乡佛爷洞石窟入口

　　佛爷洞石窟为研究郧西地区的明代石窟寺开凿技术提供了重要实物资料，对研究佛教造像艺术及当地宗教史提供了重要参考。1985年8月15日，郧西县人民政府将其公布为县级文物保护单位。

- ◆ 保护范围：文物本体面积91.4平方米，未划定保护范围。
- ◆ 建设控制地带：未划定。
- ◆ 保存状况：洞窟形制整体保存完好；造像已毁，仅存残损底座。窟外原有庙宇已毁，现窟口前仅残留建筑基址。窟外石壁存有搭建窟前建筑所留下的方形、圆形孔洞。
- ◆ 保护管理：郧西县博物馆。
- ◆ 利用情况：未对外开放。
- ◆ 主要风险：洞窟岩体结构失稳（岩体内结构面切割），生物病害（植物根系）。
- ◆ 保护建议：①在已有基础上开展考古学研究，进一步发掘其文物价值，提升文物保护级别。②开展风险病害治理及文物资料采集工作。③落实文物安全责任，加强日常安全监管。④完善文物保护"四有"基础工作，划定保护范围及建设控制地带。

张三丰石窟

　　张三丰石窟位于湖北省十堰市丹江口市官山镇沙沟村一组北山半坡，距沟口5千米，西部20米为县级文物保护单位太极观遗址。海拔301米。年平均气温为15.6～16℃，年平均降水量为750毫米。

　　石窟开凿于太极观背后一座不规则圆形巨石上（飞来山），巨石通高5、直径5米，洞口坐北朝南。雕凿于元代至元二十一年，有洞窟1处，坐北朝南。洞窟较小，洞顶呈弧形，洞内依岩凿有神台。洞穴内通高110、宽89、进深113厘米。窟底正面浮雕张三丰祖师像，通高103、座高15、身高88、肩宽40厘米。头顶绾髻，盘腿而坐，两手相交，玻璃眼珠被毁，眼眶成洞形，背上插有宝剑。像前有不知名的动物，看似龟蛇，又像"鹊蛇相斗"，由于残损，无法辨认。窟的右壁刻有2厘米深的龛，高84、宽56厘米。龛壁上有阴刻文字："武当山五龙灵应宫下院太极观记，大元至元二十一年岁次，甲申正月本宫立石。"窟口东部有一石碑，上书"太极石窟"，通高67、宽47厘米。

　　张三丰石窟位于中国道教圣地——武当山西南部，是研究道教文化及武当派

张三丰石窟全景

张三丰石窟造像

发展的重要物质遗存，对研究张三丰生平、事迹、武术以及补正历史、纠正谬误等具有参考价值。2009年10月，丹江口市第三次全国文物普查时将其列为新发现文物点。2018年12月29日，丹江口市人民政府将张三丰石窟与太极观遗址公布为县级文物保护单位。

◆ 保护范围：以太极观墙体为准，向北水平延伸5米至民居南墙，向南水平延伸至太极窟南侧山边，向东水平延伸15米至山坡边，向西水平延伸15米至二级台地边。

◆ 建设控制地带：以保护范围为界，东部与保护范围重合，北、南至保护范围外10米，西部至保护范围外15米。

◆ 保存状况：洞窟形制基本保存完好，窟内造像有残损。窟口西向20米存有太极观遗址，并留存庙房三间。

◆ 保护管理：丹江口市博物馆。

◆ 利用情况：未对外开放。

◆ 主要风险：造像表层风化（粉末状风化），生物病害（植物、微生物）。

◆ 保护建议：①在已有基础上开展考古学研究，进一步揭示石窟与张三丰的关系，完善相关道教文化历史资料。②勘察研究并进行稳定性分析，编制文物保护方案，开展病害治理工作。③落实文物安全责任，加强日常安全巡查检查。④开展数字化保护，对造像进行三维扫描，对窟内石刻文字进行拓片，完备采集相关资料。

丹江口市罗汉洞石窟

罗汉洞石窟位于湖北省十堰市丹江口市官山镇松树沟村二组石佛寺后山上。海拔326米。年平均气温为15.6～16℃，年平均降水量为750毫米。

石窟三面环山，植被茂盛。窟口前有一平台，建有石佛寺。石窟开凿于明代，共有洞窟1处，坐南朝北，平面呈方形，立面近方形。窟内现存佛像2尊、石

丹江口市罗汉洞石窟全景

丹江口市罗汉洞石窟造像（原置于窟内，后搬迁至窟外）

碑1通；窟外现存佛像11尊。窟高2.37、宽3.8、进深5.38米。左右壁各凿龛4个，形制相同，以右壁龛为例介绍。自正壁到洞口，自上而下，右壁龛编号龛一至龛四。龛一宽0.86、高0.73、进深0.33米，龛二宽1.48、高0.85、进深0.18米，龛三宽1.48、高0.85、进深0.18米，龛四宽0.63、高1.25、进深1.05米。龛一至龛三立面为长方形，龛四立面为拱形。左侧第四龛嵌记事碑1通，高1.37、宽0.55、厚0.12米，记重修罗汉洞事，刻于弘治十七年（1504）。石窟沿正壁开凿有神台，高0.72、面宽0.32米，神台上摆放2尊佛像，编号为K1∶1、K1∶2。

　K1∶1，药师佛像，青石质。残高79.2、座宽58.2、肩宽39.4厘米。无首，身着袒右肩式袈裟及僧祇支，衣襞呈弧形对称状，较为规整。右手残，左手置于膝上，并托一药壶，身体坐于台上，袒露双膝，呈善跏趺坐。

　K1∶2，青石质。残高38.2、底宽35.1厘米。无首，仅余上半身，其身着袈裟，其余不可辨认。

　窟口至石佛寺门口地面摆放6尊造像，原为窟内造像，后被搬迁至窟外，自左向右编号为K1∶3～K1∶8。另石佛寺正门银杏树右侧摆放造像两排共5尊，第一排造像编号为K1∶9、K1∶10，第二排造像编号为K1∶11～K1∶13。

　K1∶3，青石质。残高31.9、底宽38.6厘米。仅余底座。

　K1∶4，青石质。残高36.5、座宽24.1、肩宽18.8厘米。无首，身着褒衣博带式袈裟，袖口宽大，衣襞呈弧形对称状，宽而疏密，较规整。双手合掌于心间，裳裙下摆较规整，呈立相。

　K1∶5，青石质。残高65.3、座宽47.2、肩宽37.1厘米。无首，身着长袍，袖口宽大，右手抬掌，手心向外，左手执一宝球置于膝上。腰间饰一单节革带，坠于裳裙前。身端坐，开腿垂膝。

　K1∶6，青石质。残高97.6、座宽39.9、肩宽27.9厘米。无首，身着右衽袈裟，袖口宽大，外披天衣。双手合掌于胸前，下着裳裙，足穿云头鞋立于台上。

　K1∶7，菩萨像，青石质。残高81.2、座宽37.6、肩宽29.7厘米。无首，右半身残毁。身着袒右肩袈裟，外披天衣，衣襞呈弧形，宽而稀疏，较为规整。右手搭于右足上，左手心朝上置于左足。单趺右足置于左膝上，呈半跏趺坐于仰覆莲台上。

　K1∶8，青石质。残高55.1、座宽30.1、肩宽22.3厘米。无首，风化严重，仅能辨认其为坐相。

　K1∶9，青石质。残高72.5、座宽43.7、肩宽35.1厘米。无首，身着右衽道袍，盘坐于台上，裳裙呈弧形对称状下摆，较为规整。

　K1∶10，青石质。残高68.1、座宽46.2、肩宽36.2厘米。无首，身着右衽道袍，双手置于膝上，盘坐于台，裳裙呈弧形对称状下摆，较为规整。

K1:11，青石质。残高61.8、座宽62.2、肩宽49.8厘米。无首，身着圆领道袍，胸前有一圆形补子。右手手心向内置于右膝上，左手手心向上置于左膝上。左腿垂膝，左腿微曲，呈坐相。

K1:12，青石质。残高66.6、座宽57.4、肩宽24.8厘米。身着褒衣博带式袈裟，外披天衣，下着僧裙。其后有一背光，直径82.1厘米，呈水滴状。双手持一法器，结跏趺坐于台上。

K1:13，青石质。残高69.2、座宽51.5、肩宽43.8厘米。无首，身着圆领道袍，双手置于胸前。腰间系一革带，下坠于裳裙前，裳裙呈弧形对称状下摆，较为规整。着云头鞋，立于台上。

罗汉洞石窟是武当山唯一遗存有"三教合一"证物的佛教圣地，是研究武当山地区佛教、儒教、道教文化交流融合的重要物质性遗存。其保留的灵官像、菩萨像等，形式多样，造型精美，为研究丹江口地区造像艺术及石窟寺开凿方式提供了重要参考。2018年12月29日，丹江口市人民政府将罗汉洞石窟（含道人墓）公布为县级文物保护单位。

- ◆ **保护范围**：文物本体面积16平方米，保护范围以中心坐标点为准，向北水平延伸至豹儿山峰山脚，向东水平延伸至竹林坡边，向西水平延伸10米至坡边，向南水平延伸20米。
- ◆ **建设控制地带**：以保护范围为界，东、西、南面各向外水平延伸10米，北面与保护范围重合。
- ◆ **保存状况**：洞窟形制基本保存完好，受风雨侵蚀、人为破坏等，佛像有破坏。窟前留有始建于明代、清代重修的石佛寺，现存佛殿、娘娘殿、火神殿及山门、围墙基址。
- ◆ **保护管理**：丹江口市博物馆。
- ◆ **利用情况**：未对外开放。
- ◆ **主要风险**：洞窟岩体结构失稳（岩体内结构面切割），生物病害（植物、微生物），其他风险（人为烟熏）。
- ◆ **保护建议**：①开展考古学研究，进一步发掘其文化内涵，丰富佛教、儒教、道教文化交流融合的历史资料。②制定可行的文物保护方案，开展风险病害治理工作。③落实文物安全责任，加强日常维护保养，定期开展安全检查，确保文物本体安全。④完善展示利用配套设施，改善周边环境，整合道人墓、石佛寺等相关文物资源，将其作为乡村文化遗产，纳入国家乡村振兴战略规划，促进文旅融合发展。

郧阳区观音洞石窟

观音洞石窟位于湖北省十堰市郧阳区叶大乡杨柳村二组观音堂西南部，东距柏叶路25米。海拔402.51米。地处秦巴山脉，年平均气温15.8℃，年平均降水量850毫米。

石窟开凿于清代。文物本体面积为25平方米。坐西北朝东南，依地势而建，凿刻于叶大乡勾家坡山体石壁中下部，共有左右2处石窟，编号为K1、K2，均为自然岩体开凿，现存无首佛像2尊。K1位于K2左下方，且两窟之间直线距离为2.42米。两处石窟平面形状呈不规则方形，立面呈倒"凸"字形，壁面留有凿痕，呈长条形，呈45°横向分布，深0.06、宽0.09米。

K1进深3.42、宽2.75、高2.25米，窟内人工开凿有供台，依岩层修凿，呈方形，中间供台高0.95、面宽0.45米，两侧供台高0.91、面宽0.35米。左侧供台摆放1尊清代无首佛像，中间供台摆放现代神像及石碑。窟内近平顶，正壁、左壁、右壁陡直。无首佛像为青石质，残高约53.1、肩宽约35.2、座宽45.3厘米。双肩宽厚，着"通肩式"袈裟，饰福田格，衣襞呈规整弧形对称状，饰项光，结跏趺坐、禅定印，双手仰放于下腹前，右手置于左手上，两拇指指端相接，并托一莲花，下身着僧裙。

K2进深3.65、宽2.62、高2.18米，且窟内有一级踏步。窟内人工开凿有二层供台，依岩层修凿，呈方形，一层供台高0.72、面宽0.48米，二层供台高1.15、面宽0.32米。二层供台中央摆放1尊清代无首佛像。窟内顶部形状为"人"字形两面坡，壁面较陡直。且右壁有一壁龛，进深0.4米，右侧顶部被破坏。无首佛像为青石质，残高约59、肩宽约31.1、座宽约35.5厘米。双肩宽厚，上身内着僧祇支，外披袒右肩福田格袈裟。衣襞呈规整弧形对称状，饰

郧阳区观音洞石窟全景

项光，结跏趺坐、禅定印，双手仰放于下腹前，右手置于左手上，两拇指指端相接，下身着僧裙。

K2右侧有一处"n"形摩崖平面，应为未完成的龛，高0.81、宽0.57米。

石窟虽经风雨侵蚀与人为破坏，但形制结构基本保存完好，洞窟内部存有人

郧阳区观音洞石窟内造像

工开凿痕迹，窟内无首佛像是清代鄂西北地区常见佛教造像，为研究郧阳地区的清代佛教造像艺术提供了重要的实物资料。2009年10月，郧县（现郧阳区）第三次全国文物普查时将其列为新发现文物点。

◆ **保存状况：**洞窟形制基本保存完好，受风雨侵蚀、人为破坏等佛像有破损。石窟外部存有搭建窟檐或窟前建筑所留方形石孔。

◆ **保护管理：**郧阳区文物事业发展中心。

◆ **利用情况：**未对外开放。

◆ **主要风险：**洞窟岩体结构失稳（岩体内结构面切割）。

◆ **保护建议：**①开展考古学研究，进一步发掘其文化内涵，揭示无首佛像的历史价值。②开展病害治理工作及无（微）损检测技术研究，针对洞窟岩体结构失稳问题编制保护方案。③落实文物安全责任，确保文物安全。④完善展示利用设施及周边交通。作为乡村文化遗产，纳入国家乡村振兴战略规划，配套建设展示利用设施。

郧阳区罗汉洞石窟

　　罗汉洞石窟位于湖北省十堰市郧阳区胡家营镇漆沟村一组大漆沟桥西南20米处，东距漆沟河4米，北侧为316国道及汉江。海拔185米。年平均气温16℃，年平均降水量900毫米。地形以山地为主，周围乔木茂盛。

　　石窟开凿于清代。文物本体面积为23平方米。依地势而建，坐西朝东，均为自然岩体雕凿。共有洞窟4处，编号为K1～K4。K1、K2、K3位于漆沟口处，窟口前有一长约7、宽约3米的平台。K4位于K1以南1千米处，现存麻公像及菩萨头像造像共2尊。因风雨侵蚀、岩体开裂滑坡等原因，石窟有所损毁，K3已垮塌。

　　K1平面大致呈长方形，立面近三角形，壁面留有凿痕，呈长条形，呈75°纵向分布，深0.03、宽0.07米。K1进深7.55、宽3.26、窟口高5.44、窟内高3.72米。窟内左右两侧有人工开凿的供台，供台高0.65、面宽0.48米。中间供台为石块垒砌，供台高0.71、面宽0.34米。窟内未摆放佛像，窟内近平顶，正壁、左壁、右壁陡直。

郧阳区罗汉洞
石窟全景

郧阳区罗汉洞石窟造像

K2平面大致呈长方形，立面近拱形，壁面留有凿痕，呈长条形，呈75°纵向分布，深0.06、宽0.09米。K2进深2.1、宽1.8、高2米。窟内人工开凿一层供台，依岩层修凿，呈方形，供台高0.75、面宽0.65米。窟内未摆放佛像，窟顶为券顶，正壁、左壁、右壁陡直。

K4平面近半圆形，立面近半圆形，壁面留有凿痕，呈长条状75°纵向分布，深0.03、宽0.06米。K4进深0.8、宽0.8、高0.62米。窟内摆放2尊造像，左侧为麻爷像，青石质，残高53.8厘米。眉高挑，大耳侧支，双目被毁，面目清瘦，鼻较高直，双唇浑厚，唇下蓄有尖长须。双肩宽平，身着坐莽服，右衽，饰卷云圆纹及缠枝牡丹。左手托一碗，右手微抬抚碗，呈垂腿开膝式坐姿。右侧为佛头，青石质，残高35.6厘米。螺发上戴毗卢帽，帽中有一佛像，脚踏莲花，两侧饰单枝莲花及忍冬纹。面轮方圆丰雍，眉眼细长而高挑，深目高鼻，双眸低垂，微睁下视。鼻梁于额直下作扁平柱形，鼻翼有两弧纹。上唇微翘，下唇较厚，呈笑面，头部稍低略作俯视状。

罗汉洞石窟对研究郧阳地区佛教造像艺术及当地宗教史提供了重要参考。2009年10月，郧县（现郧阳区）第三次全国文物普查时将其列为新发现文物点。

- ◆ **保存状况**：部分洞窟形制基本保存较好，个别洞窟已毁。造像局部残损。无窟前建筑和寺院遗址；有窟檐遗迹，仅残存部分瓦片。
- ◆ **保护管理**：郧阳区文物事业发展中心。
- ◆ **利用情况**：未对外开放。
- ◆ **主要风险**：洞窟岩体结构失稳（岩体内结构面切割），风化（粉末状风化）。
- ◆ **保护建议**：①开展考古学研究，进一步发掘其文化内涵。②开展风险病害治理及无（微）损检测技术研究。③开展文物数字化工作，采集相关文物资料。④将其作为乡村文化遗产，纳入国家乡村振兴战略规划，配套建设展示利用设施。

 郧阳区千佛洞石窟

千佛洞石窟位于湖北省十堰市郧阳区红岩背林场余河村一组蔡家湾西北800米处。海拔757米。地处秦巴山脉，植被茂密，年平均气温15.8℃，年平均降水量850毫米。

石窟开凿于清代，坐北朝南，为天然溶洞加以人工凿刻。文物本体面积为120平方米。有洞窟1处，平面形状呈不规则方形，立面近三角形。石窟进深30.93、宽4.3、高3.96米。窟内有人工修筑供台三排，现存造像20座，其中19座石质佛像、1座木质佛像。具体为：

郧阳区千佛洞石窟全景

第一排供台高0.7米，左侧供台台面宽0.72、长4.23米，摆放5座佛像（从左至右编号为K1：1～K1：5），其中1座佛像仅存底座，4座佛像佛头缺失；中间供台宽2.45、长1.25米，台上摆放4座佛像（从左至右编号为K1：6～K1：9），其中3座佛像头部缺失，1座佛像较为完整。

K1：1，青石质。残高21、座宽34.1厘米。仅存底座。

K1：2，青石质。残高51.9、座宽47.2、肩宽35.6厘米。表面饰彩绘，已脱落。首残，身着袈裟，结禅定印、跏趺坐于莲台上。

K1：3，青石质。残高57.3、座宽40.1、肩宽32.5厘米。表面饰彩绘，已脱落。首残，身着褒衣博带式袈裟及僧祇支，下着僧裙。右手前臂上举于胸前，施无畏印，左手托一钵及如意。结半跏趺倚坐于莲花台上。

K1：4，青石质。残高57.3、座宽40.2、肩宽31.7厘米。表面饰彩绘，已脱落。首残，身着褒衣博带式袈裟，下着僧裙。双手相对，置于腹前，掌心向上，结禅定印，手托莲台。身体端坐于座上，两脚自然下垂，结善跏趺坐于莲台座上。

K1：5，青石质。残高46.2、座宽41.6、肩宽32.5厘米。表面饰彩绘，已脱落。首残，身着褒衣博带式袈裟及僧祇支，下着僧裙。手施与愿印，有一足上盘，另一足垂放而下半，结跏趺倚坐于莲台上。

K1：6，药师佛像，玄武岩质。残高51.8、座宽44.6、肩宽36.5厘米。着通肩式宝佛衣，衣襞呈规整的弧形对称状。双手微抬，托一药壶，僧裙下摆，线条柔和。

K1：7，观音像，青石质。残高74.4、座宽55.9、肩宽31.2厘米。内着通肩式袈裟，外披天衣，分披垂落，胸前戴一项圈。造像身后有一装藏孔洞，进深9.5、长9.2、宽7.8厘米。右腿支起，右手搁置膝上，左腿盘于身前，为游戏坐。

K1：8，青石质。残高88.1、座宽55.1、肩宽31.1厘米。头戴五佛冠，面轮方圆丰雍，双唇浑厚，笑面。内着通肩式袈裟，外披天衣。双手各作金刚拳，左手食指直竖，以右手的小指缠握左手食指的第一节，而左手食指端支右拇

郧阳区千佛洞石窟造像

指的第一节，结智拳印。单跌右足，跗于左足上，结吉祥半跏坐。

K1：9，青石质。残高60.2、座宽56.9、肩宽37.2厘米。表面饰彩绘，已脱落。首残，内着通肩式袈裟，外披天衣，下着僧裙，衣襞呈规整的弧形对称状。造像身后有一装藏孔洞，进深11.1、长10.9、宽9.2厘米。双手仰放于下腹前，右手置于左手上，两拇指的指端相接，结禅定印。单跌右足，跗于左足上，结吉祥半跏坐于莲花座上。

第二排供台左侧台高0.62、面宽0.66、长2.24米，摆放3座佛像（从左至右编号为K1：10～K1：12），其中2座佛像头部缺失，1座佛像面部被人为凿毁；中间供台台高0.96、面宽2.75、长1.35米，中间供台摆放6座佛像（从左至右编号为K1：13～K1：18），其中5座佛像头部缺失；右侧供台台高0.62、面宽0.64、长1.7米，右侧供台摆放2座佛像（从左至右编号为K1：19、K1：20），其中一座为木质佛像，面部脱落，另一座为石质佛像，头部缺失。

K1：10，青石质。残高52.5、座宽47.2、肩宽32.2厘米。首残，贴身着僧祇支，外披袈裟，下着僧裙。左手抱右臂，双腿呈自然垂放之坐姿，结善跏趺坐。

K1：11，青石质。残高60.2、座宽39.8、肩宽31.5厘米。首残，贴身着僧祇支，外披袈裟，下着僧裙。左手抱右臂，双腿呈自然垂放之坐姿，结善跏趺坐。

K1：12，举钵罗汉像，青石质。残高69.9、座宽38.9、肩宽28.5厘米。表面饰彩绘，已脱落。面目慈祥，眉眼深邃，双耳外支，部分已风化。着通肩式袈裟，上饰圆形花纹，下着僧裙。右手微抬，与左手共托一钵，双腿呈自然垂放之坐姿，结善跏趺坐。

K1：13，合掌观音立像，青石质。残高82.6、座宽47.2、肩宽29.5厘米。无首，十指齐等，头相合，掌心微开，呈虚心合掌相，着通肩大袍，衣襞呈规整的弧形对称状。

K1：14，菩萨像，青石质。残高95.6、座宽60.3、肩宽41.2厘米。头戴五佛冠，面轮方圆丰雍，双唇浑厚，呈笑面。内着通肩式袈裟，外披天衣，下着僧裙，衣襞呈规整的弧形对称状。造像身后有一装藏孔洞，进深10.2、长10.5、宽9.5厘米。右腿曲起，右臂倚靠其上，左腿呈垂足姿势，左手倚靠在身后，呈自在坐。

K1：15，青石质。残高77.4、座宽66.5、肩宽41.5厘米。无首，内着通肩式袈裟，下着僧裙。以右手覆于右膝，指头触地，结降魔印。一足藏于下，一足外露，呈半跏趺坐于莲花台上。

K1：16，青石质。残高70.7、座宽64.1、肩宽43.5厘米。无首，外披袈裟，双手结禅定印并持一药壶。左右两足背置于左右两股上，足心朝天，结跏趺坐于台上，台外部浮雕莲花纹。

K1：17，药师佛像，青石质。残高72.7、座宽54.1、肩宽41.3厘米。无首，外披袈裟，左右两足背置于左右两股上，足心朝天，结跏趺坐于台上，台外部浮雕莲花纹。

K1：18，合掌观音立像，青石质。残高82.7、座宽43.2、肩宽26.5厘米。无首，十指齐等，头相合，掌心微开，呈虚心合掌相，着通肩大袍，衣襞呈规整的弧形对称状。

K1：19，观音立像，木质。残高88.7、座宽33.2、肩宽26.5厘米，上有彩绘，已脱落。面部脱落，面容安详，微合双目，肌圆骨润，长身玉立，赤足，身披天衣，胸垂璎珞，衣襞呈规整的弧形对称状。

K1：20，释迦牟尼佛像，青石质。残高58.1、座宽52.4、肩宽31.6厘米。无首，身着宝佛衣，双手托一摩尼宝珠，衣襞呈规整的弧形对称状。

第三排供台为方形，台高0.96、宽2.75、长1.27米，供台上未摆放佛像。

另发现4通石碑，分别为乾隆四十八年、乾隆五十二年、嘉庆五年、民国九年所刻，均为功德记事碑。

千佛洞石窟虽经风雨侵蚀与人为破坏，但形制结构基本保存完好，洞窟内部存有人工修筑供台，窟内石质佛像种类丰富，有罗汉、菩萨等，均为清代鄂西北地区常见佛教造像。木质佛像保存较好，为研究郧阳地区的清代木质造像艺术提供了重要的实物资料。郧阳因地处山区，古代医疗及通信条件较差，故石窟在当时具有承担当地人民美好愿景寄托的功能，对当地佛教文化传播及民间信仰变迁研究起到了重要作用。2009年10月，郧县（现郧阳区）第三次全国文物普查时将其列为新发现文物点。

◆ **保存状况**：洞窟形制基本保存完整。受风雨侵蚀、人为破坏等，大部分佛像头部已损坏，表面饰彩绘已脱落。依洞口建有一厅，左右两侧各依山体建一间禅房，顶部均垮塌，仅存石条垒砌墙面。

◆ **保护管理**：郧阳区文物事业发展中心。

◆ **利用情况**：未对外开放。

◆ **主要风险**：洞窟岩体结构失稳（岩体内结构面切割），造像表层风化（粉末状风化），生物病害（植物、微生物），水害（裂隙渗水侵蚀破坏），其他风险（人为烟熏）。

◆ **保护建议**：①开展考古学研究，进一步发掘其文化内涵。②编制文物保护方案，开展风险病害治理及无（微）损检测技术研究。③开展数字化工作，全息记录文物及相关遗迹信息，为保护、研究及合理利用提供基础档案信息。④落实文物安全责任，开展日常安全巡查，加强祭祀行为监管，确保文物安全。

白龙洞石窟

　　白龙洞石窟位于湖北省十堰市郧阳区谭家湾镇青山村六组，东北距峡沟水库1.5千米，西距沿山乡道340米。海拔697米。年平均气温17.9℃，年平均降水量850毫米。地貌以中、低山和盆地为主，山坡陡峻，沟壑纵横。

　　石窟开凿于明清时期，坐东南朝西北，为天然溶洞加以人工雕凿。文物本体面积为120平方米。共有洞窟1处，现存无首佛像7尊、莲花台16座。石窟平面呈圆形，立面呈半圆形，进深12.99、平均宽度12.84、最宽处14.12、高4.1米。窟内人工垒砌有供台，呈长方形，高1.05、面宽0.62、长7.76米，供台上放置6尊佛像（编号为K1：1～K1：6）及6个莲花台，台下前方放置1尊佛像（编号为K1：7）及3个莲花台，台下后方放置7个莲花台。莲花台形制结构相似，均为石灰岩质，上部为十八伏莲花瓣，下为方形台座。

　　K1：1，石灰岩质。残高44.2、座宽46.1、肩宽30.2厘米。首残，身着右衽袈裟，双掌平放，手心朝上，置于腹部前方，约为肚脐上方一寸，呈操手（放掌）。左足藏于下，右足外露，结吉祥半跏趺坐于台上，台外部浮雕莲花纹。

　　K1：2，石灰岩质。残高37.9、座宽24.5厘米。首及身残，仅余莲花台及足，

白龙洞石窟全景

白龙洞石窟造像

左足藏于下，右足外露，结吉祥半跏趺坐于台上。

K1:3，石灰岩质。残高46.2、座宽30.1厘米。首及身残，仅余莲花台及足，左足藏于下，右足外露，结吉祥半跏趺坐于台上。

K1:4，石灰岩质。残高40.1、座宽34.2厘米。首及上身残，仅余莲花台及下身，双足自然垂下坐于方形台座之上，结善跏趺坐。

K1:5，石灰岩质。残高42.7、座宽33.9厘米。首及上身残，仅余莲花台及下身。互交二足，将右脚盘放于左腿上，左脚盘放于右腿上，结跏趺坐于方形台座之上。

K1:6，石灰岩质。残高32.2、座宽43.2厘米。首及身残，仅余莲花台及下身，裂为两半。

K1:7，石灰岩质。残高31.8、座宽44.6厘米。首及身残，仅余下身。右膝曲起，左足半跏，右臂直伸，置于膝上，左手撑于膝后，结自在坐于莲花台上。

白龙洞石窟内造像及莲花台对研究郧阳地区佛教造像艺术及当地宗教史提供了重要参考。郧县（现郧阳区）第二次全国文物普查时将其列为新发现文物点。

◆ 保存状况：洞窟形制基本保存完好，受风雨侵蚀、人为破坏等，佛像有所破损。无窟前建筑、窟檐遗迹和寺院遗址。

◆ 保护管理：郧阳区文物事业发展中心。

◆ 利用情况：未开放参观。

◆ 主要风险：洞窟岩体结构失稳（岩体内结构面切割），水害（裂隙渗水侵蚀破坏），生物病害（植物、微生物）。

◆ 保护建议：①开展考古学研究，进一步发掘其文化内涵。②开展风险病害治理，对岩体结构进行稳定性评估，对部分霉菌及苔藓生长区域及时喷洒药水。③对洞窟内造像及莲花台进行修复及保护工作，详细记录档案，开展绘图或扫描工作，进行数字化处理。④落实文物安全责任，确保文物安全。

安家老爷洞石窟

　　安家老爷洞石窟位于湖北省十堰市郧西县安家乡神岭村四组（徐家洼）东坡徐家洼山麓，上距神雾岭山脊约50米，下距河面近60米，南部100米处为省级文物保护单位白龙洞猿人遗址。海拔555米。年平均气温15℃，年平均降水量600～780毫米。境内以喀斯特地形地貌为主，山高林密，险峻苍翠。

　　石窟开凿于清代，坐西朝东，为天然溶洞。共有洞窟1处，因风雨侵蚀、人为破坏等原因，石窟有所损毁。现存造像4尊、建筑构件1件，均为石质，造像头部均被损坏。洞窟平面形状呈不规则方形，立面近半圆形，进深4.9、宽2.97、高1.05米。石质造像直接放置于洞窟内台面，从左至右编号为K1：1～K1：5，其中K1：1～K1：4为造像，K1：5为龙首构件。

　　K1：1，青石质。残高23.5、残宽24.1厘米。仅剩造像底部，其余无法辨认。

　　K1：2，青石质。残高24.2、残宽20.1厘米。仅剩造像底部，其余无法辨认。

安家老爷洞石窟全景

K1：3，青石质。残高33.9、残宽22.8厘米。无首，身着对襟长袍，线条流畅，束腰，呈垂衣拱手相。

K1：4，青石质。残高49.2、残宽31.9厘米，造像表面有彩绘，已脱落。首颈已损，身披袍服，下裳线条柔和，衣襞呈规整的弧形对称状。双手微端共持一宝剑，细直剑首，圆格，直身，立于双腿间。身体端坐于台上，两脚自然下垂。

安家老爷洞石窟内造像

K1：5，青石质。残高19.8、残宽49.9厘米。为一侧视龙首，上饰一花草纹，应为建筑构件。

安家老爷洞石窟虽经风雨侵蚀与人为破坏，但形制结构基本保存完好，洞窟前仍有建筑基址，窟内石质造像均为清代鄂西北地区常见佛教造像，为研究郧西地区清代造像艺术提供了重要的实物资料，对当地佛教文化传播及民间信仰变迁研究起到了重要作用。2009年4月，郧西县第三次全国文物普查时将其列为新发现文物点。

◆ **保存状况**：洞窟形制基本保存完好，造像部分有残损。洞窟前残留建筑基址。
◆ **保护管理**：郧西县博物馆。
◆ **利用情况**：未对外开放。
◆ **主要风险**：洞窟岩体结构失稳（岩体内结构面切割），生物病害（植物、微生物）。
◆ **保护建议**：①在已有材料基础上开展考古学研究，进一步发掘其文化内涵。②开展风险病害治理工作，加强文物安全监管。③开展数字化工作。全息记录文物及相关遗迹信息，为保护、研究及合理利用提供基础档案信息。④加强文物合理适度利用，促进文旅融合发展。安家老爷洞石窟南部100米处是白龙洞猿人遗址，是迄今为止中国发现最大的猿人洞，整合安家老爷洞石窟与白龙洞猿人遗址文化资源，共同开发旅游业，并将其作为乡村文化遗产，纳入国家乡村振兴战略规划，配套建设展示利用设施。

徐家湾佛洞石窟

　　徐家湾佛洞石窟位于湖北省十堰市郧西县马安镇徐家湾村一组，西北距徐家湾村居民楼约675米，东北距徐家湾村至上河庙村村道98米。海拔445米。地处秦岭东段南麓丘陵山地，年平均气温17℃，年平均降水量约为1100毫米。

　　石窟开凿于明代，坐北朝南，为人工修凿。共有洞窟1处，窟内有无首佛像2尊。石窟平面形状近长方形，立面呈拱形，正壁略弧。进深2.65、宽1.96、高2.02米。洞内沿窟壁开凿供台一处，左侧供台高0.52、面宽0.31米；中间供台高0.64、面宽0.71米；右侧供台高0.52、面宽0.39米。

　　无首佛像置于右侧供台，从左至右编号为K1∶1、K1∶2。具体为：

　　K1∶1，青石质。残高49.2、座宽29.8、肩残宽12.4厘米。仅存右侧部分及底

徐家湾佛洞石窟远景

徐家湾佛洞石窟造像

座。双腿呈自然垂放之坐姿，结善跏趺坐于台上。

K1:2，青石质。残高49.1、座宽39.3、肩残宽18.9厘米。无首，着袒右肩式袈裟，衣纹宽而疏朗，下摆衣襞较规整。双手仰放于下腹前，右手置左手上，两拇指相接，结禅定印。单跌右足，跗于左足上，结吉祥半跏坐于仰覆莲瓣台上。

徐家湾佛洞石窟虽经风雨侵蚀与人为破坏，但形制结构基本保存完好，为研究郧西地区的明代石窟寺开凿技术提供了重要的实物资料，对当地佛教文化传播及民间信仰变迁研究起到了重要的作用。2009年4月，郧西县第三次全国文物普查时将其列为新发现文物点。

- ◆ 保存状况：洞窟形制基本保存完好，造像部分有残损。无窟前建筑、窟檐遗迹和寺院遗址。
- ◆ 保护管理：郧西县博物馆。
- ◆ 利用情况：未对外开放。
- ◆ 主要风险：洞窟岩体结构失稳（岩体内结构面切割），生物病害（植物、微生物）。
- ◆ 保护建议：①在已有材料基础上继续开展考古学研究，进一步发掘其文化内涵。②开展风险治理工作。进行勘察研究，进行稳定性分析，并编制保护方案。对于植物病害，应定期进行清理，确保岩体结构稳定。③落实文物安全责任，加强石窟文物安全保护力量。

郧西县佛洞石窟

佛洞石窟位于湖北省十堰市郧西县涧池乡石婆沟村七组，东距佛洞湾约446米，东南距佛洞湾至东坪村道40米。海拔649米。地处秦岭东段南麓丘陵山地，年平均气温13.2℃，年平均降水量780毫米。

石窟开凿于明代，三面环山，坐南朝北。窟口前有一长2、宽0.8米的小平台（应为原窟前建筑基址），平台下壁面陡直，由西向东凿有狭窄石阶通向窟口小平台。共有洞窟1处，为人工修凿。洞窟平面形状近方形，立面呈拱形。石窟进深2.65米，窟口高2.01、宽0.91米，窟内高3.18、宽4.34米。窟内沿正壁开凿一

郧西县佛洞石窟全景

供台，供台高0.91、面宽1.68米。供台上以麻棉石为垫台，其上摆放5座残损佛像（从左至右编号为K1：1～K1：5），1座木牌（编号为K1：6），木牌上彩绘有佛像。具体为：

郧西县佛洞石窟造像

K1：1，青石质。残高55.5、座宽41.2、肩宽29.8厘米。无首，风化严重，仅能辨识其身着袈裟，有一足上盘，另一足垂放而下半，结跏趺倚坐于莲台上。

K1：2，青石质。残高36.5、座宽59.6厘米。仅存下部，风化严重，仅能辨识其身着袈裟，右手端于膝上。

K1：3，青石质。残高45.2、座宽27.1厘米。风化严重，仅能辨识其身着袈裟，呈立相。

K1：4，青石质。残高31.2、座宽0.61厘米。风化严重，仅能辨识其身着袈裟，呈立相。

K1：5，青石质。残高31.6、座宽57.3厘米。仅存底部，风化严重。

K1：6，木质。高48.1、宽24.6、厚7.7厘米。上有彩绘，大部分已脱落。仅能辨识其为一佛，两侧为胁侍菩萨。

佛洞石窟为研究郧西地区明代石窟寺开凿技术及当地宗教史提供了重要的实物资料。2009年4月，郧西县第三次全国文物普查时将其列为新发现文物点。

◆ 保存状况：洞窟形制基本保存完好，造像部分有残损。窟前残留建筑基址。
◆ 保护管理：郧西县博物馆。
◆ 利用情况：未对外开放。
◆ 主要风险：造像表层风化（粉末状风化）。
◆ 保护建议：①开展考古学研究，进一步发掘其文化内涵。②开展风化病害治理工作。③开展数字化保护，对窟内造像进行三维扫描，并进行线图绘制及资料采集工作。④落实文物安全责任，加强日常安全检查。

白鹤岩石窟

　　白鹤岩石窟位于湖北省十堰市郧西县观音镇五顶坪村二组五顶河北岸的山腰上，东距水洞河口670米，南距404县道481米。海拔281米。地处秦岭东段南麓丘陵山地，年平均气温11.8℃，年平均降水量850毫米。

白鹤岩石窟全景

白鹤岩石窟近照

　　石窟开凿于明代，又名"老人洞"，因风雨侵蚀、人为破坏等原因，石窟有所损毁。坐东朝西，三面环山。共有洞窟2处，编号为K1、K2，均为人工修凿，两窟之间直线距离1.02米。洞窟平面大致呈长方形，立面呈方形，近平顶，正壁、左壁、右壁陡直，窟内均无佛像。K1窟内右壁有一长0.3、高0.4、进深0.07米的壁龛。

　　白鹤岩石窟对研究郧西地区佛教造像艺术及当地宗教史提供了重要参考。2009年4月，郧西县第三次全国文物普查时将其列为新发现文物点。

- ◆ 保存状况：洞窟形制基本保存完好，造像已毁无存。无窟前建筑、窟檐遗迹和寺院遗址。
- ◆ 保护管理：郧西县博物馆。
- ◆ 利用情况：未对外开放。
- ◆ 主要风险：洞窟岩体结构失稳（岩体内结构面切割），生物病害（植物）。
- ◆ 保护建议：①在已有材料基础上开展调查研究，进一步发掘其文化内涵。②开展风险治理工作。进行勘察研究，进行稳定性分析，并编制保护方案。对于植物病害，应定期进行清理，确保岩体结构稳定。③落实文物安全责任。

惠家河佛洞石窟

　　惠家河佛洞石窟位于湖北省十堰市郧西县马安镇惠家河村三组香炉沟东部山体山顶绝壁处，南距农家垭子约390米，东南距农家垭子至寨沟村道约100米。海拔926米。地处秦岭南麓余脉，山高林密。年平均气温17℃，年平均降雨量约为1100毫米。

　　石窟始建于清乾隆时期，为天然石灰岩溶洞加以人工修凿，共有洞窟1处。文物本体面积为201.5平方米。洞口坐西北朝东南，外有一平台，建有围栏及木

惠家河佛洞石窟全景

惠家河佛洞石窟入口

骨泥墙小屋，上273步神道到洞厅。洞窟平面呈不规则方形，立面呈半圆形。进深6.24米，窟口高2.73、宽5.24米，窟内高3.12、宽15.82米（加上西部溶洞）。窟内有功德碑4座，窟外有功德碑3座。原依洞建庙，后因风雨侵蚀、人为破坏等原因，石窟有所损毁。

惠家河佛洞石窟对研究郧西地区佛教造像艺术及当地宗教史提供了重要参考。2009年4月，郧西县第三次全国文物普查时将其列为新发现文物点。

◆ 保存状况：洞窟形制基本保存完好，原始造像已损毁无存。窟内存放有两排现代泥塑神像。
◆ 保护管理：郧西县博物馆。
◆ 利用情况：未开放参观。
◆ 主要风险：水害（裂隙渗水侵蚀破坏），生物病害（植物的根劈作用），其他风险（人为烟熏）。
◆ 保护建议：①开展考古学研究，进一步发掘其文化内涵。②开展风险病害治理工作。③落实文物安全责任，加强对祭祀行为的监管，配置必要的消防安全设施，消除火灾隐患。

马家沟佛洞石窟

　　马家沟佛洞石窟位于湖北省十堰市郧西县城关镇天河坪村九组天河东岸的山岩上。海拔201米。地处秦岭南坡汉水北岸，年平均气温15.4℃，年平均降水量772.9毫米。

　　石窟开凿于明代。文物本体面积为180平方米。现存洞窟4处，均为人工修凿。洞口坐东朝西。窟前有功德碑1座，字迹辨认不清。因风雨侵蚀、人为破坏

马家沟佛洞石窟全景

马家沟佛洞石窟内景

等原因，石窟有所损毁。"文化大革命"时期，"破四旧"运动对石窟、造像有较大破坏，现造像无存。

马家沟佛洞石窟对研究郧西地区佛教石窟建造艺术及当地宗教史提供了重要参考。2009年4月，郧西县第三次全国文物普查时将其列为新发现文物点。

◆ 保存状况：洞窟形制基本保存完好，造像已损毁无存。无窟前建筑、窟檐遗迹和寺院遗址，仅窟壁存有原建庙时的檩眼。

◆ 保护管理：郧西县博物馆。

◆ 利用情况：未对外开放。

◆ 主要风险：洞窟岩体结构失稳（岩体内结构面切割），生物病害（植物），其他风险（人为烟熏）。

◆ 保护建议：①开展考古学研究，进一步发掘其文化内涵。②治理风险病害。③开展数字化工作，全息记录文物及相关遗迹信息，为保护、研究及合理利用提供基础档案信息。④落实文物安全责任，加强安全监管。

上津佛爷庙石窟

上津佛爷庙石窟位于湖北省十堰市郧西县上津镇郭家渡村三组虎头山下。海拔271米。上津镇南依汉水，北枕秦岭，年平均气温18℃，年平均降水量788毫米。

石窟始建于唐代，以人工凿刻的石窟为基础而建，石垒设神龛，窟外以山势而建庙，后因战争前殿毁，仅留石窟和佛像。文物本体面积为400平方米。现佛像全毁。当地百姓在此基础上重建庙宇，设观音殿、大雄宝殿（窟）等殿。洞口坐西朝东，共有洞窟3处，由南向北编号为K1、K2、K3。窟外壁面较陡直，有人工修凿痕迹。

上津佛爷庙石窟为研究郧西地区唐朝至明清时期石窟寺开凿技术提供了重要的实物资料。2009年7月，郧西县第三次全国文物普查时将其列为新发现文物点。

上津佛爷庙石窟局部

上津佛爷庙石窟全景

◆ **保存状况**：洞窟形制结构基本保存完好，造像已毁无存。窟外有现代建造的庙宇。

◆ **保护管理**：郧西县博物馆。

◆ **利用情况**：未开放参观。

◆ **主要风险**：洞窟岩体结构失稳（岩体内结构面切割）。

◆ **保护建议**：①开展考古学研究，进一步发掘其文化内涵。②开展风险治理工作，针对岩体结构失稳，进行勘察研究和稳定性分析，编制保护方案。③落实文物安全责任，确保文物安全。④促进文旅融合发展。完善展示利用设施，将石窟整体融入上津古城旅游景区带，合理适度开发利用。

树撑岩老龙洞石窟

　　树撑岩老龙洞石窟位于湖北省十堰市郧西县香口乡树撑岩村二组，南距村道15米。海拔771米。地处秦岭东段南麓丘陵山地，年平均气温13.2℃，年平均降水量788毫米。

　　石窟开凿于清代，共有洞窟1处，以自然形成溶洞加之人工修凿。文物本体面积为80平方米。洞口坐北朝南，平面形状为不规则方形，立面呈拱形。进深2.42、窟前平台高1.04、台至窟顶高1.73、宽3.96米。洞窟分外洞和内洞两部分。外洞阔十丈、高百尺，深可建三重九间殿堂，四周岩壁上先后建有白龙

树撑岩老龙洞石窟全景

树撑岩老龙洞石窟造像

庙、娘娘庙、祖师庙、土地庙等七个庙宇。洞窟东部有一六牙白象，整体为岩石开凿，上置一弥勒佛头。内洞口径很小，人无法进入。窟外崖面较陡直，有人工修凿痕迹。

树撑岩老龙洞被当地百姓用来测天气、卜凶吉、问年景、占财喜等，具有承担当地人民美好愿景寄托的功能，且对当地佛教文化、道教文化传播及民间信仰变迁研究起到了重要的作用，是研究"佛道合一"思想的重要物质遗存。2009年4月，郧西县第三次全国文物普查时将其列为新发现文物点。

◆ **保存状况**：洞窟形制基本保存完好。窟内原始造像已毁无存，现存6尊现代造像。无窟前建筑、窟檐遗迹和寺院遗址。

◆ **保护管理**：郧西县博物馆。

◆ **利用情况**：未对外开放。

◆ **主要风险**：洞窟岩体结构失稳（溶蚀），水害（裂隙渗水），生物病害（植物、微生物）。

◆ **保护建议**：①开展考古学研究，进一步发掘其文化内涵。②开展风险病害治理工作。进行勘察研究和稳定性分析，并编制相关文物保护方案。③落实文物安全责任。④做好石窟前梭罗树保护工作，并与老龙洞合并开发旅游项目，促进文物旅游融合发展，扩大社会影响力。

双掌佛洞石窟

　　双掌佛洞石窟位于湖北省十堰市郧西县观音镇佛洞村四组的佛洞沟山体中下部，西南部为404县道。海拔252米。地处秦岭东段南麓丘陵山地，年平均气温11.8℃，年平均降水量780毫米。

　　石窟开凿于明代，共有洞窟1处，为人工修凿。原以窟建寺，现寺庙已毁，只留洞厅。洞窟平面近方形，立面呈拱形，进深3.54、高4.35、宽4.68米。窟内人工开凿有供台，依岩层修凿，呈方形，两侧供台高0.55、长2.79、面宽0.45米。正壁中上部开凿一壁龛，呈拱形，高0.61、宽0.54、进深0.31米。佛像在

双掌佛洞石窟全景

双掌佛洞石窟内景

　　"文革"时被人为破坏。窟外崖面较陡直，有人工修凿痕迹。

　　双掌佛洞石窟对研究郧西地区佛教造像艺术及当地宗教史提供了重要参考。2009年7月，郧西县第三次全国文物普查时将其列为新发现文物点。

◆ 保存状况：洞窟形制基本保存完好，造像已损毁无存。窟外原建有庙宇，已毁。窟口外修建有当代宣传牌，上建一牌楼，悬挂"佛洞"描金大字。

◆ 保护管理：郧西县博物馆。

◆ 利用情况：未对外开放。

◆ 主要风险：洞窟岩体结构失稳（岩体内结构面切割），其他风险（祭祀、烟熏等）。

◆ 保护建议：①开展考古学研究，进一步发掘其文化内涵。②开展风险病害治理工作。进行勘察研究和稳定性分析，并编制保护方案。③落实文物安全责任，配置灭火器等必要消防设施，加强对祭祀活动的监管。

小河口石窟

　　小河口石窟又名黄龙观石窟，位于湖北省十堰市郧西县景阳乡小河口村一组凉水庵西部页岩山体上。海拔777米。地处秦岭东段南麓丘陵山地，年平均气温12℃，年平均降水量760毫米。

　　石窟开凿于明代，清代多次扩修，共有洞窟1处，洞口坐北朝南。窟前为一石质平台，为开凿石窟时人工修凿。窟前两侧壁面较为陡直，顶部壁面呈45°倾斜。窟内现存残损佛像31座、石碑2座。洞窟平面近方形，立面呈拱形。窟顶

小河口石窟全景

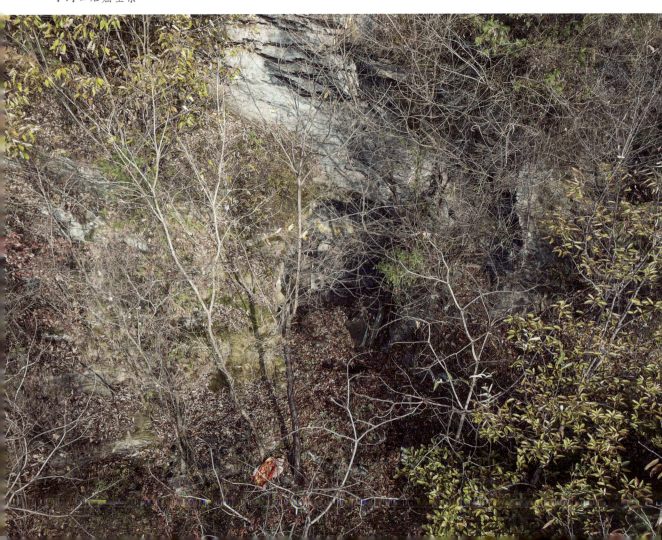

前部垮塌，现进深5.94、高3.92、窟内宽4.31、窟口宽3.82米。窟内沿窟壁开凿有供台，左侧供台高0.46、面宽0.45米，供台上摆放佛像15尊（编号为K1∶1～K1∶15）；中间供台高0.85、面宽1.61米，摆放佛像14尊（编号为K1∶16～K1∶29）；右侧供台高0.44、面宽0.41米，摆放佛像2尊（编号为K1∶30、K1∶31）。具体为：

K1∶1，砂岩质。残高32.1、肩宽21.4厘米。无首，仅存上半身，身着通肩式袈裟。

K1∶2，砂岩质。残高47.5、肩宽23.2厘米。无首，风化严重，仅可辨认其为立相。

K1∶3，砂岩质。残高45.6、肩宽21.1厘米。无首，风化严重，仅可辨认其为立相。

K1∶4，八臂观音像，砂岩质。残高67.8、肩宽34.9、座宽39.8厘米。无首，身着褒衣博带式袈裟，两肩披天衣，颈戴项圈，胸前佩网状连珠式璎珞。双手合掌端于胸前，另有六臂于两侧伸出，现已残断。腰部悬挂配饰，因风化无法辨别。下身着僧裙，赤裸双足立于台座上。

K1∶5，砂岩质。残高47.2、肩宽32.5、座宽34.1厘米。无首，身着右衽袈裟，衣袖宽大，衣襞呈弧形对称状，较为规整。双手合掌端于胸前，并托一金刚降魔杵。下身着僧裙立于台座上。

K1∶6，砂岩质。残高44.5、肩宽26.4、座宽32.8厘米。无首，身着右衽袈裟，袖口宽大，外披天衣，衣襞呈弧形对称状，较规整。腰部饰有双结环带。左手心向上，微端于胸口，右手残，下着裳裙呈立相。

K1∶7，砂岩质。残高41.6、肩宽29.5、座宽33.1厘米。无首，身着右衽袈裟，袖口宽大，左肩披天衣，双手合掌于心间。裳裙下摆较规整，呈立相。

K1∶8，砂岩质。残高29.6、肩宽19.5、座宽23.1厘米。仅余上半身，无首，身着右衽袈裟，左肩披天衣。一掌置于另一掌之上，双手仰放于下腹前，结禅定印。

K1∶9，砂岩质。残高40.6、肩宽29.8、座宽33.3厘米。无首，风化严重，仅辨识其呈立相。

K1∶10，六臂观音像，砂岩质。残高62.8、肩宽33.9、座宽39.2厘米。因风化面容不可辨认，其头戴毗卢帽，身着褒衣博带式袈裟，两肩披天衣。双手合掌端于胸前，另有四臂于两侧伸出，现已残断。

K1∶11，砂岩质。残高43.8、肩宽19.4、座宽31.2厘米。无首，躯体较纤细，身着袈裟。双手结禅定印置于膝上，单跌一足，跗于另一足上，结半跏趺坐。

K1∶12，砂岩质。残高47.6、肩宽19.9、座宽32.1厘米。无首，躯体较纤细，风化严重，仅能辨识其身着袈裟，双手端于胸前。身体端坐，两脚自然下垂，呈善跏趺坐。

K1∶13，力士像，砂岩质。残高44.5、肩宽19.7、座宽19.8厘米。无首，身着褒衣博带式袈裟，应持有武器，现仅余双手。穿靴，呈善跏趺坐。

K1：14，砂岩质。残高27.9、肩宽19.7、座宽21.7厘米。无首，身着右衽袈裟，袖口宽大，左肩披天衣，双手合掌于心间。裳裙下摆较规整，呈立相。

K1：15，砂岩质。残高18.6、肩宽11.9、座宽13.2厘米。无首，风化严重，仅能辨识其为坐相。

K1：16，力士像，砂岩质。残高43.6、肩宽21.2、座宽22.8厘米。无首，身着褒衣博带式袈裟，应持有武器，现仅余双手。穿靴，呈立相。

K1：17，砂岩质。残高34.8、肩宽17.5、座宽19.6厘米。无首，身着褒衣博带式袈裟，左手背于身后，右手执一羽扇，下半身已毁，仅能辨认其呈立相。

K1：18，砂岩质。残高41.1、肩宽22.7、座宽24.6厘米。无首，风化严重，仅余下半身，无法辨认。

K1：19，砂岩质。残高52.1、肩宽14.2、座宽16.8厘米。无首，身体纤细，身着袈裟，身体端坐，双腿自然下垂，呈善跏趺坐。

K1：20，砂岩质。残高53.1、肩宽18.5、座宽22.3厘米。无首，身着通肩式袈裟，衣襞呈弧形，较为规整。左手置于膝上，右手已毁。身体端坐，双腿自然下垂，呈善跏趺坐。

K1：21，八臂观音像，砂岩质。残高62.8、肩宽33.7、座宽39.8厘米。无首，身着褒衣博带式袈裟，两肩披天衣，颈戴项圈，胸前佩网状连珠式璎珞。双手合掌端于胸前，另有六臂于两侧伸出，现已残断。腰部悬挂配饰，因风化无法辨别。下身着僧裙，赤裸双足立于台座上。

K1：22，力士像，砂岩质。残高61.3、肩宽31.7、座宽37.9厘米。无首，身着褒衣博带式袈裟，胸前饰有单结璎珞。应持有武器，现仅余双手。腰间挂有佩袋，下着裳裙。穿靴，呈立相。

K1：23，自在观音像，砂岩质。残高61.1、肩宽34.7、座宽44.6厘米。无首，身着僧祇支，两肩披天衣，胸前佩网状五团花连珠式璎珞，束腰上有一革带，上有一单结飘带。右膝曲起，左足膝间饰一连珠团花且成半跏状，右臂直伸置于右膝上，且戴手钏，左手自然抚于座上。

K1:24，释迦牟尼佛像，砂岩质。残高61.1、肩宽34.7、座宽44.6厘米。肉髻低平，面相方圆，大耳垂肩，眉间有一白毫相光，眉眼细长而高挑，深目高鼻，双眸低垂，微睁下视。鼻梁于额直下作扁平柱形，双唇较厚，头部稍低略作俯视状。短颈，宽肩，腹部略凸，身体粗壮。身着通肩式袈裟，左手置于腰间，右手及下身已残。

K1:25，砂岩质。残高39.3、肩宽19.8、座宽22.6厘米。头戴一冠，大耳垂立，面目清瘦。身着右衽袈裟，下着裳裙。身体端坐，双膝下垂，呈善跏趺坐。

K1:26，弥勒佛像，砂岩质。残高52.1、肩宽21.4、座宽32.1厘米。身着袈裟，戴一项圈，项圈中为一团花，两侧为流苏，袒胸，腰间挂两飘带。屈右臂上举于胸前，手指自然舒展，手掌向外，施无畏印。左臂置于膝上。右腿曲起，垂左足，呈自在坐。

K1:27，砂岩质。残高32.7、肩宽13.1、座宽15.4厘米。风化及破损严重，仅能辨认其身体纤细清秀，外披袈裟。

K1:28，砂岩质。残高31.5、肩宽13.4、座宽16.2厘米。无首，身着袈裟，两臂披天衣。双手合掌于胸前，腰间挂一革带，下身着裳裙，穿靴，呈立相。

K1:29，砂岩质。残高17.9、肩宽10.4、座宽13.1厘米。无首，身着通肩式袈裟，衣襞呈弧形，较为规整，呈立相。其余部分风化破损严重，无法辨认。

K1:30，砂岩质。残高21.4、肩宽10.4、座宽13.1厘米。无首，身着袈裟呈坐相。其余部分风化破损严重，无法辨认。

K1:31，砂岩质。残高36.1、肩宽12.5、座宽17.6厘米。无首，身着右衽袈裟，袖口宽大，衣襞呈弧形对称状，较规整。双手合掌端于胸口，下着裳裙，呈立相。

窟内残存造像底座4个，呈方形圆孔。窟内左壁近窟口处、中间供台与右侧供台拐角处各有1座石碑，风化严重，无法辨认，仅知其为功德碑。

小河口石窟石质造像种类丰富、形式多样，可辨造像有六臂观音、八臂观音、释迦牟尼佛、弥勒佛、力士等，均为明清时期鄂西北地区常见佛教造像，是研究郧西地区明清造像艺术的重要实物遗存。2009年7月，郧西县第三次全国文物普查时将其列为新发现文物点。

◆ **保存状况**：洞窟形制基本保存完好。窟内造像数量较多，部分有残损。无窟前建筑、窟檐遗迹和寺院遗址。

◆ **保护管理**：郧西县博物馆。

◆ **利用情况**：未对外开放。

◆ **主要风险**：洞窟岩体结构失稳（岩体内结构面切割），造像表层风化（粉末状风化），生物病害（植物、微生物）。

◆ **保护建议**：①加强对造像的深入研究，进一步发掘其文化内涵。②开展风险病害治理工作。对石窟勘察研究，进行稳定性分析，并编制保护方案。窟顶前部垮塌，造像受风雨侵蚀严重，应搭建防雨棚予以保护。③开展数字化保护工作。对窟内造像进行三维扫描，并采集资料，全息记录文物及相关遗迹信息，为保护、研究及合理利用提供基础档案信息。④落实文物安全责任，加强日常安全巡查，防止文物损毁、被盗。

羊耳洞石窟

　　羊耳洞石窟位于湖北省十堰市郧西县湖北口回族乡庵坪村四组西部山体上。海拔711米。地处秦岭东段南麓丘陵山地，境内层峦叠嶂，沟壑纵横。年平均气温10.8℃，年平均降水量778毫米。

　　石窟始建于明代，因外观呈羊耳状而得名。文物本体面积为1000平方米。洞口坐北朝南，依崖面设一、二、三天门，共有洞窟2处，编号为K1、K2，现存13块建庙之记事碑、功德碑。K1位于山体中上部，当地人称正殿，平面呈半圆形，

羊耳洞石窟全景

羊耳洞石窟造像

立面近三角形。依天然洞窟修建，现窟前留有寺庙遗址。K2位于山体中部，与K1直线距离500米，当地人称娘娘庙，平面呈不规则方形，立面近方形，进深4.34、高5.52（地面至窟顶）、宽11.2米。窟内有寺庙遗址，由东、西、北三面土墙合围（土砖垒砌），其内建有二层台，一层台高0.74～0.89米（东高西低），二层台高1.43米，均为垒砌。台上散落有造像残片，可辨其为泥质彩绘。K2北壁上饰有彩绘，现已脱落。

　　羊耳洞石窟对研究郧西地区佛教造像艺术及当地宗教史提供了重要实物资料。2009年4月，郧西县第三次全国文物普查时将其列为新发现文物点。

◆ 保存状况：洞窟形制基本保存完好，泥质彩绘佛像残损较为严重。窟前残留寺庙遗址。
◆ 保护管理：郧西县博物馆。
◆ 利用情况：未对外开放。
◆ 主要风险：洞窟岩体结构失稳（岩体内结构面切割），生物病害（植物），其他风险（人为烟熏）。
◆ 保护建议：①开展考古学研究，进一步发掘其文化内涵。②开展风险治理及文物资料采集工作。③落实文物安全责任，加强对祭祀活动的日常监管。

桃园石窟

　　桃园石窟位于湖北省十堰市房县城关镇桃园村二组一山崖东侧，东距G209约10米，南距呼北高速177米。海拔435米。地处秦岭余脉，四面环山，地势西高东低，呈盆地状。年平均气温10～15℃，年平均降水量914毫米。

　　石窟开凿于明代。文物本体面积为15平方米。洞口坐南朝北，共有2处洞窟，编号为K1、K2，K2位于K1右上方，两者之间相距约3.2米。K1平面呈倒"凸"字形，立面呈倒"凸"字形，进深3.4、宽5.09、高2.4米。窟内沿左右壁开凿有供台，台高0.5、面宽0.5米。窟内沿正壁开凿有神台，台高0.85、面宽0.85米。正壁有彩绘，可辨认佛像头光、背光及火焰纹。窟顶石壁上阳刻八卦图。窟顶为拱顶，正壁，左壁、右壁陡直。窟顶有纵向凿痕，凿痕深0.05、宽0.15米。K2平面、立面均呈方形，进深1.25、宽1.12、高1.68米。

桃园石窟全景

桃园石窟顶部八卦图

　　桃园石窟为道教遗址，深受武当山道教文化影响，对研究房县地区宗教史及道教建筑建造艺术提供了重要参考。2009年10月，房县第三次全国文物普查时将其列为新发现文物点。

◆ 保存状况：洞窟形制基本保存完好，造像已损毁无存。K1正壁有彩绘，可辨认佛像头光、背光及火焰纹。窟顶石壁上阳刻八卦图。无窟前建筑、窟檐遗迹和寺院遗址，窟壁上留有檩眼。

◆ 保护管理：房县博物馆。

◆ 利用情况：未对外开放。

◆ 主要风险：洞窟岩体结构失稳（岩体内结构面切割），石窟表层风化（粉末状风化），生物病害（植物），其他风险（人为烟熏）。

◆ 保护建议：①开展考古学研究，进一步发掘其文化内涵，揭示石窟与道教关系。②开展风险治理工作。对窟顶八卦图及正壁彩绘进行资料采集及修复工作，避免其进一步受风化病害影响。③落实文物安全责任，加强对焚香等活动监管，确保文物安全。

娘娘庙石窟

　　娘娘庙石窟位于湖北省十堰市房县沙河乡五塘村五组一山崖下。海拔938米。地处武当山余脉，以高山为主。年平均气温12.5℃，年平均降水量1000毫米。

　　石窟始建于清代，坐北朝南，共有洞窟1处。文物本体面积为100平方米。洞窟平面近长方形，立面形状不规则，进深6.2、窟内宽15、高约5米。窟外崖面较陡直，有人工修凿痕迹。因年久失修、风雨侵蚀等原因，石窟有所损毁。

娘娘庙石窟全景

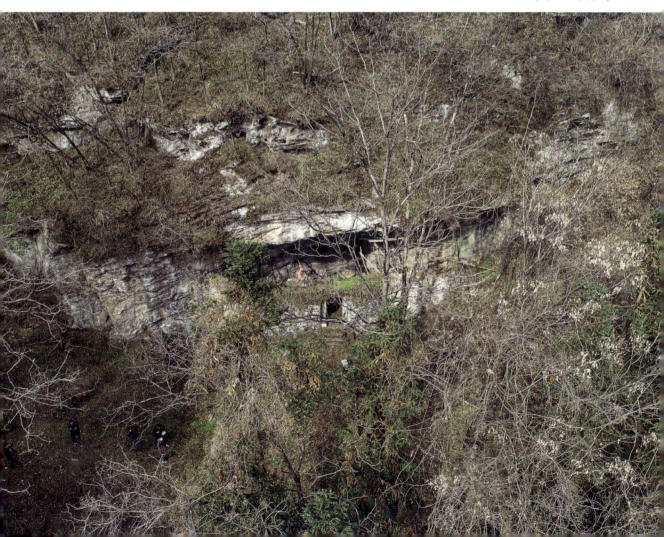

娘娘庙石窟正壁

　　娘娘庙石窟为房县地区清代石窟寺研究提供了重要的实物资料，对当地佛教文化传播及民间信仰变迁研究起到了重要的作用。2009年10月，房县第三次全国文物普查时将其列为新发现文物点。

◆ 保存状况：洞窟形制基本保存完整，造像已毁无存。洞口存有山石砌筑石墙，墙体不稳，部分倒塌。洞内散落一块功德碑，零星散落残碑。

◆ 保护管理：房县博物馆。

◆ 利用情况：未对外开放。

◆ 主要风险：洞窟岩体结构失稳（岩体内结构面切割），水害（裂隙渗水），生物病害（植物、微生物）。

◆ 保护建议：①在已有材料基础上开展考古学研究，进一步发掘其文化内涵。②开展风险治理工作，编制合理有效的病害治理方案。③落实文物安全责任。

沧浪山五佛洞石窟

　　沧浪山五佛洞石窟位于湖北省十堰市竹山县楼台乡安坪村五组沧浪山的半山腰处，距山脚1.5千米左右。海拔1450米。地处汉江、堵河盆地，年平均气温10.2～15.6℃，年平均降水量905.2毫米。

　　石窟开凿于明代，洞口坐北朝南，共有洞窟1处。文物本体面积为20平方米。依洞建庙3间，为石木结构，硬山式单檐。左右两间保存较差，分别为度人室、静室堂；中间主室保存较为完整。庙前建有4间禅房，中间1间中部修筑有

沧浪山五佛洞石窟

沧浪山五佛洞石窟造像

石阶通向庙门。四间房均严重损毁，现存几堵残墙以及石块堆砌高约3.5米的基台。平面近方形，立面近拱形。庙门宽1.36、高2.66米，窟内宽4.61、高2.66、进深5.91米。壁面可见凿痕，呈纵向分布，深0.04、宽0.15米。沿正壁开凿一供台，供台高0.65、面宽0.35米。供台上供奉5座现代造像、4座小型石碑。另靠石窟左壁有2座石碑，年代均为大明成化年间。

沧浪山五佛洞石窟对当地佛教文化传播及民间信仰变迁研究提供了重要的参考资料。2009年6月，竹山县第三次全国文物普查时将其列为新发现文物点。

◆ **保存状况**：洞窟形制基本保存完好，原始造像已破坏无存。窟前存有石木结构庙门及石砌残墙。

◆ **保护管理**：竹山县博物馆。

◆ **利用情况**：未对外开放。

◆ **主要风险**：结构失稳（岩体内结构面切割），风化（粉末状风化），其他风险（烟熏、人为涂鸦）。

◆ **保护建议**：①开展考古学研究，进一步发掘其文化内涵。②开展风险治理工作。③落实日常安全巡查，加强祭祀行为监管，确保文物安全。

龙头包佛爷洞石窟

    龙头包佛爷洞石窟位于湖北省十堰市竹山县麻家渡镇总兵安村一组龙头包半山腰，西南距施家大院160米，东距王家湾352米。海拔457米。地处汉江、堵河盆地，年平均气温12～18℃，年平均降水量800～1000毫米。

    石窟开凿于清代，共有洞窟1处，为人工开凿，坐北朝南，正前方有44级台阶，周围石壁险峻，环境清幽。窟口左侧嵌有一块记事碑，上部雕刻"佛爷洞"三个大字。洞窟平面呈方形，立面近方形。窟口宽0.73、高3.22米，窟口右侧有

龙头包佛爷洞石窟全景

龙头包佛爷洞石窟入口

一窟，宽0.58、高0.75米，距地面约1.12米。窟内进深3.72、宽3.59、高2.37米。窟壁有凿痕，呈纵向分布，凿痕深0.03、宽0.12米。文物本体面积为13.3平方米。因年久失修、风雨侵蚀等原因，石窟有所损毁。

　　龙头包佛爷洞石窟为竹山地区清代石窟寺研究提供了重要的实物资料，对当地佛教文化传播及民间信仰变迁研究起到了重要的参考作用。2009年6月，竹山县第三次全国文物普查时将其列为新发现文物点。

- ◆ 保存状况：洞窟形制基本保存完好，造像已毁无存。窟前建筑不见，仅在窟壁外留有少量檩眼。
- ◆ 保护管理：竹山县博物馆。
- ◆ 利用情况：未对外开放。
- ◆ 主要风险：洞窟岩体结构失稳（岩体内结构面切割），生物病害（植物、微生物），其他病害（人为烟熏）。
- ◆ 保护建议：①在已有材料基础上开展考古学研究，进一步发掘其文化内涵。②开展风险治理工作。编制合理有效的病害治理方案，对石窟壁面进行加固，对烟熏痕迹进行处理。③落实文物安全责任，加强安全监管。

太玄洞石窟

　　太玄洞俗称"梯子岩"，位于湖北省十堰市武当山旅游经济特区大湾村香炉峰山体中部一处绝壁上，位置险峻，仅能从一条用于索道维修石阶及山间小路才可到达。海拔906米。武当山年平均气温为13.3～13.8℃，平均降水量为943～968毫米。太玄洞周围树木茂盛，山势陡峭。

　　石窟开凿于明代，清代多次修缮，共有洞窟1处，洞口坐西朝东，面积约800平方米，高约10米。内设四层平台，第一层平台进深7米；第二层平台前距第一层平台8.9米，进深4.8米；第三层平台左距第二层平台2.1米，进深18.95米；第四层平台前距第三层平台3.2米，进深2.1米。北部为人工开凿的石窟，进深3.48米，口宽1.69、口高2.29米，内宽2.35、内高2.47米。窟口底部距平台0.58米，依正壁修凿有供台，台高1.03、长0.74、面宽2.59米，台至窟顶1.21米。现壁面留有凿痕，呈长条形，深0.01、宽0.01米。现存明代碑刻3通（1通位于三层平台，2通

太玄洞石窟全景

太玄洞石窟近照

位于二层平台），可辨2通石碑年代为万历七年、嘉靖二十二年，1通石碑为太玄洞记事碑。

　　太玄洞是武当山古建筑群的一部分，是研究明代早期政治、宗教历史以及古建筑的实物见证，为研究武当山地区道教石窟开凿艺术提供了重要参考。太玄洞偏僻难行，历来被道教徒当作清修圣地，以达到"天人合一"的境界。攀梯入岩，凌空架桥，这种别致又奇特的结构，在武当山古建筑中是首次发现，在武当山众多的岩庙建筑中也仅此一例。第一次全国文物普查时将其列为一般文物点。

◆ 保存状况：洞窟形制结构基本保存完好，原始造像已毁无存，仅存明代碑刻3通。无窟前建筑、窟檐遗迹和寺院遗址。

◆ 保护管理：武当山旅游经济特区道教协会琼台中观管理委员会。

◆ 利用情况：未对外开放。

◆ 主要风险：洞窟岩体结构失稳（岩体内结构面切割），石窟表层风化（粉末状风化），其他风险（人为涂鸦）。

◆ 保护建议：①开展考古学研究，进一步发掘其文化内涵及与道教关系。②编制文物保护规划，开展风险治理工作，进行修缮加固。③完善文物保护"四有"工作，提高文物保护级别。④加强文物保护利用，整治周边环境，改善相关配套设施，促进文旅融合发展。

玉印岩石窟

　　玉印岩，一名抱璞岩，又名抱玉岩，位于湖北省襄阳市南漳县巡检镇金镶坪村小（漳河）百（福头）公路旁。地处丘陵山地，背靠悬崖峭壁，四周苍松翠柏，绿荫蔽日。海拔311米。年平均气温15～16℃，年平均降水量820～1100毫米。

　　玉印岩相传为春秋时楚人卞和取玉旧迹。石窟开凿于明代，依一天然石灰岩溶洞营建，有三级天然台阶。洞口上端镌有"玉印岩"三个大字。洞窟深11、宽19、高10米，弧顶。

　　岩洞内原建有庙，供奉卞和及石佛像数尊。后壁有壁龛，龛内浮雕背光佛像结跏而坐，并有高大石碑数通。庙、龛、像大多被毁，现存壁龛1个、石刻造像5尊、石碑21通。壁龛位于石窟右上壁，呈长方形，外沿高2.28、上宽1.8、下宽2米，内沿高1.86、上宽1.2、下宽1.53米，壁龛内并列3尊佛像被毁，仅见轮廓，头部浮雕背光。窟内石台上供奉2尊佛像，均结跏坐于莲台之上，左侧佛像头部及

玉印岩石窟内景

右臂损毁，座宽0.78、残高1.23米；右侧佛像头部损毁，座宽0.76、残高0.97米。

　　石刻造像均为坐像，1尊为卞和像，其余4尊头部已失。石碑均为青石质，其中3通阴刻楷书碑文，刻于明代至民国期间，其余为现代以隶、篆、行、草、楷书摹刻原碑或录历代诗人玉印岩诗文刻成。

　　玉印岩石窟为研究明代南漳县的社会历史和宗教文化提供了实物依据，具有较高的历史价值和文化价值。1992年12月，湖北省人民政府将其公布为省级文物保护单位。

◆ 保护范围：以玉印岩洞口为起点，东面向外延伸200米至小杨冲口，西面向外延伸200米至北坡山根，南面向外延伸30米至凤凰台山边，北面向外延伸50米至玉印岩山顶。保护范围面积约32000平方米。

◆ 建设控制地带：以保护范围为界，东面向外延100米至小杨冲，西面向外延50米至北坡山顶，南面向外延50米至凤凰台山顶，北面向外延50米至玉印岩北山脚。建设控制地带面积约99000平方米。

玉印岩石窟全景

◆ **保存状况**：洞窟形制基本保存完整。窟内大多数壁龛被毁。石刻造像大部分已毁，部分残损严重。碑刻少部分为明代至民国期间，其余为现代所为。窟前建造有现代砖石围墙。

◆ **保护管理**：南漳县博物馆。

◆ **利用情况**：自然开放，无主要服务设施。

◆ **主要风险**：洞窟岩体结构失稳（岩体内结构面切割），风化（粉末状风化），水害（渗水侵蚀），生物病害（苔藓等微生物），其他风险（烟熏火烤等人为破坏）。

◆ **保护建议**：①开展基础研究，加强对石窟内碑刻资料的释读和价值阐释，进一步发掘其文化内涵。②通过对历史环境的研究分析，编制文物保护规划，提出空间景观控制要求、生态保护措施，纳入国土空间规划，开展石窟本体保护和岩体加固工程。③开展风险治理工作，进行详细勘察研究，制定有效实施方案。④建立定期巡查制度，落实文物安全责任，及时发现并排除安全隐患，加强祭祀行为监管，确保文物本体安全。

水晶行宫石窟

　　水晶行宫石窟位于湖北省襄阳市保康县寺坪镇金堂村三岔半山腰的沟里面。海拔862米。地处丘陵山地，年平均气温15～16℃，年平均降水量810～1000毫米。

　　石窟开凿于清代，面朝东，有洞窟1处、碑刻5通，为自然岩体开凿。洞窟高2.2、宽2.5、深2.36米，呈长方形，近弧顶。窟内人工开凿有供台，依岩层修凿，呈长方形，高1、面长2.37、宽0.95米，无神像。石窟用两块石板做墙支撑匾额和其上的墙体，两块石板上都刻有文字、对联和花草，对联的上联写着"圣德广运九天弘栽培之化"，下联"神功浩荡六字普生成之仁"，其中右侧石板上刻有乾隆三十三年建庙的缘由、经过。门匾额上横书"水晶行宫"四字，存门槛，

水晶行宫石窟全景

水晶行宫石窟内景

门已毁。门外有长6、宽1.9米的平场地，是用石块从下面的石壁上垒砌起来的，高5米左右。门右侧1米处摆放着一个破损的石制大香炉，其上雕刻着龙纹。石窟外部崖壁上有方形石孔，应为搭建窟檐或窟前建筑所用。

水晶行宫石窟为研究清代保康县的社会历史和民风民俗提供了实物资料。2008年11月，保康县第三次全国文物普查时将其列为新发现文物点。2020年12月，保康县石窟寺专项调查小组调查发现此文物点与九龙洞文物点同为一处（1982年，九龙洞被公布为保康县第一批文物保护单位）。

◆ 保护范围：未划定。

◆ 建设控制地带：未划定。

◆ 保存状况：洞窟形制基本保存完整，造像已损毁无存。无窟前建筑、窟檐遗迹和寺院遗址，仅在石窟外部崖壁上留有原搭建窟檐或窟前建筑所用之方形石孔。

◆ 保护管理：保康县文物局。

◆ 利用情况：未对外开放。

◆ 主要风险：洞窟岩体结构失稳（岩体内结构面切割），生物病害（苔藓植物），其他风险（人为焚香）。

◆ 保护建议：①开展学术研究，进一步发掘其文化内涵。②开展风险治理工作。③完善文物保护"四有"工作，尽快公布保护范围和建设控制地带，落实文物安全责任。

古佛洞石窟

古佛洞石窟位于湖北省襄阳市南漳县李庙镇鱼泉河林场杨家坪洞坡的半山腰。海拔252米。地处丘陵山地，年平均气温15～16℃，年平均降水量820～1100毫米。

古佛洞石窟全景

石窟开凿于明代，以一宽3.57、高3.42、深5.53米的天然溶洞营建，洞口向南，洞体平面呈长方形。在其东侧有一偏洞，洞口下为悬崖峭壁，高不可攀。共有洞窟2处、佛像24尊、碑刻1通。洞内大部分佛像已损毁，仅余9尊基本完好，部分造像上有题刻"大明嘉靖十九年"。现存佛像雕刻精美，均装饰金身，圆雕手法，造型生动，线条流畅。其中，一造像为真武坐像，高0.53米，面容丰润，两眼微眸，身着广袖衣，下着裙，双手平放于两膝上。座下石台从右至左刻有"□万长□"四字。

古佛洞石窟为研究明代南漳地区的历史和宗教文化提供了重要的实物资料。2006年9月12日，南漳县人民政府将其公布为县级文物保护单位。

古佛洞石窟主洞

◆ **保护范围：** 未划定。

◆ **建设控制地带：** 未划定。

◆ **保存状况：** 洞窟形制基本保存完整；造像大部分损坏，仅余存9尊基本完好。无窟前建筑、窟檐遗迹和寺院遗址。洞口存有砖砌围墙至顶，砖墙留门。

◆ **保护管理：** 南漳县博物馆。

◆ **利用情况：** 未对外开放。

◆ **主要风险：** 洞窟岩体结构失稳（岩体内结构面切割），水害（裂隙渗水侵蚀），其他风险（人为焚香）。

◆ **保护建议：** ①开展考古学研究，进一步发掘其文化内涵。②开展风险病害治理工作。③完善文物保护"四有"工作，尽快公布保护范围和建设控制地带，落实文物安全责任。

蛮王洞石窟

蛮王洞石窟位于湖北省襄阳市襄城区岘山南主峰西南坡山腰。海拔319米。地处丘陵山地，年平均气温15～16℃，年平均降水量820～1100毫米。

蛮王洞，相传西汉末年，王莽追赶刘秀时，刘秀躲进双背梁子峰的"刘秀洞"后，因天色已晚，王莽宿住此洞，其后该洞由此得名。石窟开凿于宋代，以一天然石灰岩溶洞营建，坐东朝西。洞窟平面整体呈"Y"字形，面宽约5、进深约15、高约4米，面积约120平方米。进洞依次为前洞窟、南洞窟、北洞窟。前洞窟石柱下部有"蛮王洞"三字。洞内现存三组6尊南宋时期佛像，于龛内镌刻。佛像因长期风化侵蚀影响，面部、动作等细节已无法辨识。另有宋代碑刻三块，南北并列。其中嘉泰二年（1202年）的一块，记载了郡太守游襄阳城南诸峰一事，具有较高的历史价值和文物价值。

佛像均位于龛内。正壁石柱上部一幅，佛龛略呈三角形，上角圆弧，内有坐佛一尊，风化严重，仅依稀可辨为一佛双手叠放、结跏趺坐于莲花座上。左壁两幅均为弧形佛龛，内容为传统的"一佛二弟子"造像，即释迦牟尼及弟子阿难、迦叶，佛结跏趺坐于束腰仰俯莲座上，头、身均有圆形背光，两侧各立一弟子，头部有背光，整幅造像下以双叶卷草衬托。右壁造像共两尊，靠左造像（面向观者）为头顶背光的佛祖斜坐于矮座上，双腿张开，一腿微前伸，一腿曲倒于座

上，显得较为惬意和放松，据其形态推测此佛为弥勒佛，其左腿外侧雕刻一头有发髻的矮小立人，着交领长衣，双手拢袖，似做礼拜状，反映的可能是世人膜拜弥勒图。

蛮王洞石窟为研究襄阳历史人物的活动及岘山的人文资源内涵提供了翔实的实物资料。1984年，襄樊市（现襄阳市）人民政府将其公布为市级文物保护单位。

蛮王洞石窟全景

蛮王洞石窟内局部造像

- ◆ 保护范围：以洞口为中心，四至向外30米合围范围是重点保护区。保护范围面积约900平方米。
- ◆ 建设控制地带：未划定。
- ◆ 保存状况：洞窟形制基本保存较好；造像风化严重，难以清晰辨识。洞外无窟前建筑、窟檐遗迹和寺院遗址。
- ◆ 保护管理：襄阳市文物管理处。
- ◆ 利用情况：自然开放，无主要服务设施。
- ◆ 主要风险：岩体结构失稳（岩体内结构面切割），水害（裂隙渗水侵蚀破坏）。
- ◆ 保护建议：①开展考古学研究，进一步发掘其文化内涵，丰富历史资料。②制定切实可行方案，开展风险治理工作。③完善文物保护"四有"工作。④做好旅游开发中的文物保护工作，加强文物保护宣传，增设各类宣传标志，扩大文化影响力。

磨刀观石窟

　　磨刀观石窟位于湖北省襄阳市保康县黄堡镇大树垭村陈家窝子西300米的山坳。海拔572米。地处丘陵山地，地势险峻。年平均气温15～16℃，年平均降水量810～1100毫米。

　　相传关公曾在此磨过刀，故名磨刀观，原建有道观，现已损毁无存，仅在北侧岩壁上残留建筑痕迹。磨刀观背靠崖壁，岩壁长约20、高约15米，形如刀切，山势陡峭。石窟开凿于明代，坐西朝东，共有洞窟2处，均为自然岩体开凿；摩崖石刻3处、碑刻1处。两处石窟水平相距约3米，所处位置落差约2米。地势较高处石窟内有现代金身塑像一座；窟口一侧有摩崖石刻，记塑祖师像一事。较低处

磨刀观石窟全景

磨刀观石窟内摩崖石刻

石窟内有两座塑像，左侧有两处摩崖石刻，一处与石窟水平，距离约0.5米；另一处距地面较高，刻于明代隆庆元年，记修磨刀观之事。两处洞窟内部均无祭台，三壁皆垂直，无壁龛，窟顶倾斜外高内低。

　　磨刀观石窟现存石刻数量之多、刊刻内容之详在保康县域实为少见，具有较高的历史研究价值。第二次全国文物普查时，被列为新发现文物点。

◆ **保存状况**：洞窟形制基本保存完整；窟内造像已毁，无祭台，无壁龛。窟外北侧岩壁上残留建筑痕迹，无窟檐遗迹和寺院遗址。

◆ **保护管理**：保康县文物局。

◆ **利用情况**：未对外开放。

◆ **主要风险**：洞窟岩体结构失稳（岩体裂隙），洞窟表层风化（粉末状风化、开裂起翘、差异风化等），水害（面流水），其他风险（人为焚香）。

◆ **保护建议**：①开展考古学研究，进一步发掘其文化内涵。②开展风险病害治理工作，制定有效的保护方案。③落实文物安全责任，确保文物安全。

 # 金山洞石窟

金山洞石窟位于湖北省襄阳市南漳县长坪镇陡山村境内的黄家坡山岩上。海拔650米。地处丘陵山地，灌木丛生，悬崖峭壁。年平均气温15～16℃，年平均降水量820～1100毫米。

石窟坐北朝南，有自然溶洞和人工洞窟共8处，由龙洞、佛洞等洞窟组成，呈东北向排列；上200米有一太乙真人修仙洞，下150米有一出水洞。石窟始建于明嘉靖年间，或兴或衰，延续至清末。共有碑刻26通、摩崖碑记11块、各类木制神像十余尊。有碑文记有"大明嘉靖六年丁亥太岁孟冬十月"。

金山洞石窟为研究南漳地区的佛教发展和人文历史提供了重要的文献价值。2008年4月，南漳县第三次全国文物普查时将其列为新发现文物点。

金山洞石窟全景

金山洞石窟局部

◆ **保存状况**：洞窟形制基本保存完好；造像已毁，碑刻基本保存较好，摩崖石刻表面剥蚀较为严重。无窟前建筑、窟檐遗迹和寺院遗址。

◆ **保护管理**：南漳县博物馆。

◆ **利用情况**：未对外开放。

◆ **主要风险**：洞窟岩体结构失稳（岩体内结构面切割），洞窟及造像表层风化，水害（裂隙渗水侵蚀），生物病害（苔藓植物），其他风险（人为破坏）。

◆ **保护建议**：①开展考古学研究，进一步发掘其文化内涵。②开展风险病害治理工作。③落实文物安全责任，开展日常安全巡查。

柏树岗千佛洞石窟

　　柏树岗千佛洞石窟位于湖北省随州市随县澴潭镇柏树岗村六组一处矮山崖壁上，西距涢水约200米，与澴潭镇区隔水相望。海拔96.6米。地处大洪山余脉，地貌为丘陵河谷地带。年平均气温23℃，年平均降水量1000毫米。

　　石窟开凿于明代，共有洞窟1处，为自然崖体开凿，坐东朝西，崖壁略弧鼓。石窟平面呈不规则多边形，壁面陡直，顶部近平，开凿痕迹比较清晰，凿痕分为竖长条形和斜长条形，深浅不一。洞体为假三间结构，居中开间较大为正殿，两侧为偏殿，原供台与龛洞摆满佛像，多不胜数，故称千佛寺。"文化大革命"时期，窟内佛像悉数被毁，现已无存。

柏树岗千佛洞石窟内局部

柏树岗千佛洞石窟全景

　　正殿窟口长3.9、高2.45、进深7.85、宽7.8米。正殿正壁设有供台4个，台高1.2米，供台连通佛龛，其中东北角供台最大，呈曲尺形连通北殿正壁。正殿东南角设有一长方形蓄水池，长2.1、宽1.4、深1.2米。北殿门高1.65、宽0.92米，殿内进深1.8、宽2.85米，其南壁中央开凿一石门进入正殿。南殿平面呈曲尺形，门道连通正殿西南角，宽0.85米，殿内进深3.8、宽1.4～2.5米，门内左侧设一供台，长2、宽0.6、高0.7米。南、北两室地面略高于正殿地面，正殿和南殿西壁开凿有大小不一的4个望窗孔。供台与龛壁有较多墨书佛经，字迹大多已模糊不清。

　　柏树岗千佛洞石窟是研究随州地区明清佛教文化的实物资料。2009年7月，随州市第三次全国文物普查时将其列为新发现文物点。

◆ 保存状况：洞窟形制结构基本保存完好，窟内造像已毁无存。无窟前建筑、窟檐遗迹和寺院遗址。

◆ 保护管理：随县文物保护中心。

◆ 利用情况：未对外开放。

◆ 主要风险：洞窟表层风化（风化裂隙切割），生物病害（植物、微生物）。

◆ 保护建议：①开展相关考古学研究，进一步发掘其文化内涵。②开展风险治理工作。③加强日常安全检查，确保文物安全。④完善展示利用设施，改善周边环境，促进文旅融合发展。

鲁班洞石窟

　　鲁班洞石窟位于湖北省随州市随县吴山镇河西村二组栲栳寺东南350米处的半山腰凸出岩体上。海拔440米。地处桐柏山余脉，地势陡峭险峻，四周群山连绵。年平均气温11.9℃，年平均降水量940毫米。

　　石窟开凿于明代。文物本体面积为80平方米。依天然岩体雕凿，坐东南朝西北，有三连间洞窟1处，分左、中、右三间，编号分别为K1、K2、K3，窟间距为1.16米和1.68米。石窟外山体斜陡，岩石裸露，杂树丛生。石窟平面均呈长方形，立面呈"玉圭"形，盝顶穹隆，壁面陡直，开凿痕迹比较清晰，凿痕分为竖长条形和斜长条形。具体为：

　　K1窟口高1.57、宽0.88米，门槽宽0.18米；窟内进深1.45、宽1.12米，中心高1.35、边高1.1米；打坐石床长0.95、宽0.63、高0.1米。

　　K2窟口高1.6、宽1.2米，外门顶略拱；门楣上有一方形龛洞，高0.36、宽

鲁班洞石窟全景

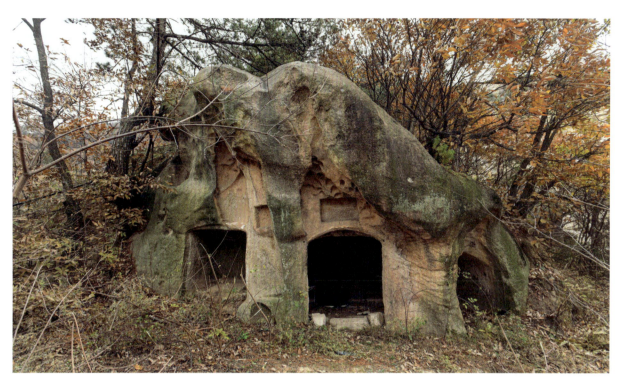

鲁班洞石窟局部

0.6、进深0.1米；门窝石长0.58、宽0.27、高0.21米；窟内进深2.6、宽2.47～2.6米，中心高1.88、边高1.18米；石床长2.52、宽0.86、高0.08米。

K3窟口与窟体基本相同，两面坡顶，进深1.48、宽1.2米，中心高1.15、边高0.88米，门槽宽0.18米。左壁凿有一孔洞，洞穿K2右壁。右壁均凿有一灯龛。

鲁班洞石窟为研究桐柏山地区佛教文化提供了实物资料。2020年12月，随州市石窟寺专项调查时将其列为新发现文物点。

- ◆ 保存状况：洞窟形制基本保存完好，窟内佛像已损毁无存。无窟檐遗迹。窟前有宽5米和4米的两阶梯小平台，为原寺院废弃砖瓦堆积。洞窟西南下方350米处存有栲栳寺遗址。
- ◆ 保护管理：随县文物保护中心。
- ◆ 利用情况：未对外开放。
- ◆ 主要风险：洞窟表层风化（差异风化），水害（面流水），生物病害（植物、微生物）。
- ◆ 保护建议：①开展相关考古学研究，进一步发掘其文化内涵。②开展风险病害治理工作。③完善展示利用设施，整合周边文物资源，作为乡村文化遗产，纳入国家乡村振兴战略规划，推动文物合理适度利用。

天观庙摩崖造像

　　天观庙摩崖造像位于湖北省神农架林区木鱼镇老君山村九冲河畔陡峭山崖上，东临巨石峭壁，南有狭窄陡峭步游道，西面岩壁下方为乡村道路，北面是乔木丛林。海拔600.11米。木鱼镇属亚高山地带，地势东南低西北高，地形以山地为主，年平均气温16.8℃，年平均降水量900～1400毫米。

　　造像开凿于明、清时期，依陡峭天然山崖雕凿，坐东北朝西南方向，共有摩崖造像3尊，从左至右分别为天官、地官、水官，呈"人"字形排列。其中，天官高1.3米，地官、水官高0.8米且紧挨相连，造像底部距地面台地约5米。阳刻浮雕，均身着带袖天衣，袒胸露腹，端坐于莲座上，三官头部均已毁。无彩塑及壁画。

天观庙摩崖造像全景

天观庙摩崖造像局部

　　天观庙摩崖造像对研究当地佛教文化传播、民间信仰变迁有重要作用。1991年，神农架林区人民政府公布其为第一批区级文物保护单位。2008年4月，湖北省人民政府将其公布为省级文物保护单位。

- ◆ 保护范围：以文物本体为界，东、南两个方向为悬崖，西面为斜坡，北面为树林，西面和北面各延伸2米。保护范围面积为50平方米。
- ◆ 建设控制地带：以保护范围为界，向西延伸至坡下九松线公路，东、南、北面与保护范围重合。控制范围面积为1200平方米。
- ◆ 保存状况：窟龛外壁坍塌、剥离严重。摩崖造像头部缺损，身躯等部位渐趋模糊，劣化趋势加重。整体保存较差。无窟前建筑、窟檐遗迹和寺院遗址。
- ◆ 保护管理：神农架林区文物保护中心。
- ◆ 利用情况：露天原状展示。
- ◆ 主要风险：造像表层风化（差异风化），生物病害（植物、微生物）。
- ◆ 保护建议：①开展考古学调查，进一步挖掘文化内涵，丰富历史资料。②编制文物保护方案，开展风险病害治理工作。③落实文物安全责任，强化日常检查巡查，加强祭祀行为监管，确保文物安全。④协调好文物保护与旅游开发的关系，让文物活起来，促进文物旅游融合发展。

第二节
鄂西南地区

　　鄂西南地区石窟寺集中分布于武陵山区的宜昌市、恩施土家族苗族自治州两地区，主要以依托天然崖壁开凿的窟龛类石窟寺（含摩崖造像）为代表。造像题材广泛，组合形式多样，兼有地方民族特色。除少数石窟寺规模较大外，大部分规模较小，以明清时期石窟寺为主。

钟家岩屋石窟

　　钟家岩屋石窟位于湖北省宜昌市当阳市玉泉街道金沙村三组沮河南岸董家岩北崖山腰，西北向约100米处为沮河，东北部为起伏的丘陵，北部、南部均为沮河的冲积平原。岩屋所处的山体呈东北向西南倾斜，周围树木茂密，地层多为黏土岩和砂质页岩。海拔77米。年平均气温16.4℃，年平均降水量936～1048毫米。

　　石窟开凿于清代，坐南朝北，共存洞窟3处，从左至右编号分别为K1、K2、K3，K1、K2两洞窟相通，K3独立。石窟平面形状皆呈不规则长方形，壁面留有柱洞，呈长方形，存有凿痕，横向分布。石窟均为自然岩体人工开凿，底处凿有柱洞，洞体因风雨侵蚀、年久失修等原因有所损毁。

　　K1宽10.4、高3、深3.5米，西壁凿有一方形龛，南壁存有类似榫卯结构的凿痕，窟檐上阴刻楷书"山灵长护"四字，左边刻"小泉杨达宽题"字样，右边落款为"咸丰三年良旦造"，为道教修行者替当地祈福平安所用。

　　K2宽6.8、高3.2、深3.5米，窟顶呈弧形，东西两侧壁面陡直，南面岩壁凿有一排大小不一的小龛，呈方形，应为搭建洞内建筑所用。两窟间凿有岩柱，连接

钟家岩屋石窟
全景

钟家岩屋石窟局部

两窟，两窟靠近西侧开凿有一方形空间，底部凿有一方形坑位，应为厕所。

K3位于K1、K2下方，宽4.5、高1.9、深1.8米，窟口呈扁方形，面积较小，距下方地面约3米，洞中无多余复杂构造，较简易。

　　钟家岩屋是百宝寨岩屋群的重要组成部分。包括钟家岩屋在内的百宝寨岩屋群数量之多，分布之广，全国少见。石窟开凿于临水的悬崖峭壁之上，构思巧妙，与周边山水融为一体，具有很高的科学价值、景观价值；风格独特，保存了许多传统民间工艺，具有很高的艺术价值。集聚居住、兵寨、祈佑、宗教等多种功能，反映了当地百姓祈祷风调雨顺、消灾除祸的美好愿望，为研究当地石窟建筑艺术和民间信仰提供了珍贵的实物资料。2013年5月3日，百宝寨岩屋群被国务院公布为第七批全国重点文物保护单位。

- ◆ **保护范围和建设控制地带：**因钟家岩屋是百宝寨岩屋群的重要组成部分，尚未单独划定明确的保护范围和建设控制地带。
- ◆ **保存状况：**洞窟形制基本保存完整，洞体因风雨侵蚀、年久失修等原因部分有所损毁。K1正壁和侧壁均凿有佛龛，无造像。K1、K2存有窟檐，阴刻楷书清晰可见。
- ◆ **保护管理：**当阳市关陵文物保护管理所（当阳市博物馆）。
- ◆ **利用情况：**对外开放。
- ◆ **主要风险：**水害（岩体裂缝渗水），生物病害（植物、微生物）。
- ◆ **保护建议：**①深入开展考古学调查研究，进一步发掘其文化内涵，揭示岩屋的文化艺术科学价值，丰富历史资料。②开展风险治理和无（微）损检测技术研究，编制文物保护规划。③开展数字化保护工程，全息记录文物及相关遗迹信息，有效利用百宝寨岩屋群遗存保护现状，为保护、研究及合理利用提供基础档案信息。④建立文物安全长效机制，完善文物保护"四有"工作，尽快公布保护范围和建设控制地带，落实文物安全责任，建设安全防护设施。⑤完善展示利用设施及周边交通环境，将石窟作为乡村文化遗产，纳入国家乡村振兴战略规划，合理适度利用，使其成为百宝寨岩屋群名胜景点，促进文旅融合发展。

虎子岩石窟

　　虎子岩石窟位于湖北省宜昌市点军区桥边镇黄家棚村一组的虎子岩山半山腰。点军区地势东部低，西部高，以山地、丘陵为主。年平均气温16.9℃，年平均降水量1200毫米。

　　石窟开凿于明清时期，坐西朝东。洞口入口呈不规则半圆形，宽18.1、高3.5米。洞内有3个半圆形窟室，存造像7尊、浮雕2处。窟室依溶洞格局就势布局，面西北坐东南，编号分别为K1、K2、K3。三个洞窟相互连接，从右至左呈阶梯状逐级升高排列，最低处距地面约10米。具体如下：

　　K1为财神殿，一分为二，前室略小，东、南、西岩壁开凿整齐，洞室顶略作修整，室内雕像被毁无存，仅存像龛基座，窟宽2.2、进深4.2、高3.3米。

　　K2借助自然形成的岩屋改修而成，室内平面布局为不规则三角形，在西壁二层台上保存一座石雕财神像和两座供养人像，基座、神像有后人改动搬迁过的迹象，窟宽4.3、进深4.1、高4.16米。

虎子岩石窟全景

虎子岩石窟内部分造像

　　K3是整个石窟的主体部分，地势也为石窟的最高层，面积也最大。窟室内有1处大型壁龛（高3.5、宽2.2、进深0.25米）与4处小型壁龛（高0.25、宽0.35米），小型壁龛内各有1尊保存较完好的造像，每尊造像扶台莲座、佛像神态、穹顶背光等均有所不同。K3东壁用浅线刻手法刻一青龙，龙头、身抽象又不失细腻，做驯服状依偎在佛像前。在西壁，用高浮雕手法，写意雕作一神态逼真、威严而不失祥和的石虎。石虎处岩石恰好为白色岩灰石，又位于佛像西，与正对的青龙明显地表示出我国古代"青龙、白虎、朱雀、玄武"代表东、西、南、北的四方神像指向。

　　虎子岩石窟为研究鄂西南地区的明清佛教造像艺术提供了重要的实物资料。2003年，宜昌市人民政府将其公布为市级文物保护单位。

◆ 保护范围：西至323国道，南、北各向石窟口外延伸10米，东至山顶。

◆ 建设控制地带：西至323国道，南、北各向石窟口外延伸15米，东至山顶。

◆ 保存状况：洞窟形制结构基本保存完整，造像保存较好。窟外围有现代所砌围墙，无窟檐遗迹和寺院遗址。

◆ 保护管理：点军区文化和旅游局。

◆ 利用情况：未对外开放。

◆ 主要风险：洞窟岩体结构失稳（岩体内结构面切割），洞窟及造像表层风化（粉末状风化）。

◆ 保护建议：①开展考古学研究，进一步发掘造像的文化内涵，丰富历史资料。②编制文物保护方案，实施修缮保护工程，治理风险病害隐患。③开展数字化保护工作，利用三维扫描等技术，采集相关文物信息，为文物合理利用提供基础资料。④加强文物安全监管，落实文物安全责任，确保文物安全。

滴水观石窟

　　滴水观石窟位于湖北省宜昌市兴山县峡口镇峡口社区孝子山西端的山顶。海拔500米。地处武陵山区,地势东、西、北三面高,南面低。年平均气温15.3℃,年平均降水量900～1200毫米。

　　据清同治《兴山县志》、清光绪《兴山县志》记载,滴水观修建于清乾隆中期,名滴水观;咸丰中期重修,改名镇锋寺,破"四旧"时被毁。共有石窟4个,依托天然溶洞开凿,形制各异,无明显人为加工痕迹,呈上下左右形式分布,编号分别为K1、K2、K3、K4,窟内造像均已毁无存。其中,K1宽36、高20、深20米,K2宽7、高5.3、深3.5米,K3宽2.1、高3.6米,K4宽3.5、高8.1米。进寺门道用石条砌成一长约50、宽1米的通道,年代为清代。

　　滴水观石窟为鄂西南地区清代的宗教、建筑、艺术研究提供了重要的实物资料,具有一定的历史文化价值。2011年11月25日,兴山县人民政府将其公布为县级文物保护单位。

滴水观石窟全景

滴水观石窟内景

◆ **保护范围**：以1号窟龙头香后部为基点，向左延伸35米，向右延伸40米，向前延伸10米，向后延伸20米。

◆ **建设控制地带**：以保护范围为基线分别向四周延伸10米。

◆ **保存状况**：洞窟形制基本保存完整，窟内造像、彩塑及壁画均不见。窟前残留多根木枋，石灰、糯米、细沙三合土室内地面；窟檐为小青瓦铺面，现仅存部分悬于洞窟外崖壁之上。

◆ **保护管理**：兴山县文物事业管理局。

◆ **利用情况**：未对外开放。

◆ **主要风险**：洞窟岩体结构失稳（岩体内结构面切割），风化（风化裂隙），生物病害（植物、微生物），自然灾害（局部有滑坡风险）。

◆ **保护建议**：①对石窟寺开展考古学调查研究，进一步发掘其文化内涵。②开展风险治理工作，对不稳定块体的裂缝、掉块、滑体的规模及空间分布进行勘察研究，进行稳定性分析，并编制保护方案。③加强日常安全巡查，落实文物安全责任。

干柴菩萨庙石窟

　　干柴菩萨庙石窟位于湖北省宜昌市兴山县南阳镇百羊寨村一组经堂岭半山腰的岩体上。海拔743米。地处武陵山区，地势东、西、北三面高，南面低。年平均气温15.3℃，年平均降水量900～1200毫米。

　　石窟开凿于清代，为不规则椭圆形半封闭式洞穴，岩体下部从左至右凿刻有三个大小不等的壁龛（编号为K1、K2、K3），平行排列。K1在岩体左侧，宽0.6、高0.62、进深0.2米，呈穹拱形；K2位于中部，宽0.11、高1.22、进深0.55米，穹拱形；最右侧为K3，宽1.02、高0.8、进深0.08米，上尖下方形。窟内均无造像。

　　干柴菩萨庙石窟从清代沿用至今，对研究鄂西南地区清代的宗教、建筑等提供了实物资料，具有一定的历史文化价值。2011年11月25日，兴山县人民政府将其公布为县级文物保护单位。

干柴菩萨庙石窟全景

干柴菩萨庙石窟局部

- ◆ 保护范围：以所处石壁为基点，向四周各延伸20米。
- ◆ 建设控制地带：以保护范围为基点线，向四周各延伸50米。
- ◆ 保存状况：洞窟形制基本保存完整，窟内造像已毁，无彩塑及壁画。岩体两侧有圆形柱洞，留下多处人工开凿的锄痕；窟前有一相对平坦的土台建筑遗址，其前存有石台阶古道。
- ◆ 保护管理：兴山县文物事业管理局。
- ◆ 利用情况：未对外开放。
- ◆ 主要风险：洞窟岩体结构失稳（岩体分层脱落或倾斜），风化（风化裂隙），生物病害（植物、微生物）。
- ◆ 保护建议：①开展考古学研究，进一步发掘其文化内涵，丰富历史资料。②开展风险病害治理工作。③加强日常检查巡查，确保文物安全。

鹿苑寺石窟

鹿苑寺石窟地处湖北省宜昌市远安县旧县镇（鹿苑寺核心景区）。海拔179米。地处武陵山区，以次高山、丘陵地貌为主。年平均气温12～16℃，年平均降水量1000～1100毫米。

石窟位于东西走向的峡谷两侧的石壁之上，主要分布在鹿溪河的北岸，依地势、岩体大小和岩壁的平整而凿刻，沿河谷和香客朝觐路线布置，既串成一线，又各成单元。石窟开凿于明清时期，现有洞窟16处（编号为K1～K5，其中K2包括12处石窟）、摩崖石刻5处，各洞窟大多独立成洞，无洞内沟通，具有局部集中分布特点。所有窟内造像均已无存。具体如下：

K1开凿于鹿溪河北岸山脚处，距地面2米。立面呈穹拱形，面宽0.7、进深0.48、高0.8米。

鹿苑寺石窟 K1

K2开凿于鹿溪河北岸岩壁上，由12处石窟组成，距地面2～24米，其中穹拱形窟3个（面宽0.6～0.75、进深0.45～0.5、高0.7～0.8米），竖长方形窟9个（高1.5～1.75、宽0.5～0.7、进深2～3米）。

　　K3开凿于鹿溪河东北岩壁上，距水面约4米。立面为长方形，面宽4.2、进深0.5、高1.1米，石窟上有随形导水槽。

　　K4开凿于鹿溪河东北岸公路边山脚处，距地面1米，立面呈穹拱形，面宽1.4、进深1.2、高1米。

鹿苑寺石窟 K2

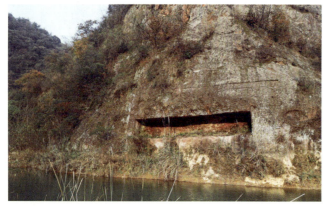

鹿苑寺石窟 K3

鹿苑寺石窟 K4

鹿苑寺石窟 K5

K5开凿于鹿溪河北岸岩壁上，立面呈方形，面宽0.97、进深1.3、高1.1米。

因年久失修、风雨侵蚀和"文革"时期破坏等，以上历史遗存有所损毁，但鹿苑寺石窟整体保存较好，为研究鄂西南地区明清时期社会、政治、宗教、雕刻及书法艺术等提供了重要的实物资料，具有一定的文化价值和景观价值。鹿苑寺石窟为新发现文物点。

- ◆ **保存状况**：洞窟形制基本保存完好，窟内造像均已毁无存。窟前建筑和窟檐建筑已失。鹿苑寺已拆除，仅存寺院遗址。
- ◆ **保护管理**：无。
- ◆ **利用情况**：自然开放。
- ◆ **主要风险**：洞窟岩体结构失稳（裂隙水压力），风化（风化裂隙切割），水害（面流水），生物病害（植物、微生物）。
- ◆ **保护建议**：①深入开展考古学研究，进一步发掘其文化内涵，揭示文物价值，丰富历史资料。②有针对性地开展风险病害治理工作。③编制文物保护规划方案，纳入景区旅游开发总体规划。④完善文物保护"四有"工作，明确保护管理机构。⑤落实文物安全责任，做好旅游开发中的文物保护工作。

仙佛寺石窟

　　仙佛寺石窟位于湖北省恩施土家族苗族自治州来凤县翔凤镇关口村佛潭岩上，西向900米为209国道，前临酉水河，与湖南龙山县隔河相望。石窟背面有一条于20世纪50年代末开凿的"佛潭大堰"由北向南穿山而过。海拔523米。地处武陵山余脉，年平均温度15.8℃，年平均降水量1400毫米。

　　石窟始凿于唐代，共有龛窟16个、造像27尊。石窟上靠绝壁，下临深潭，在200余米长的红色泥砂岩壁上开龛造像，总长约35米，从右至左编号依次为K1～K16，其中K1、K2、K3为大型龛，K4为中型龛，K5～K16大多为一龛一佛。造像均采用半圆雕技法。北端刻有"仙佛寺"题名及"咸康元年五月"款。摩崖造

仙佛寺石窟全景

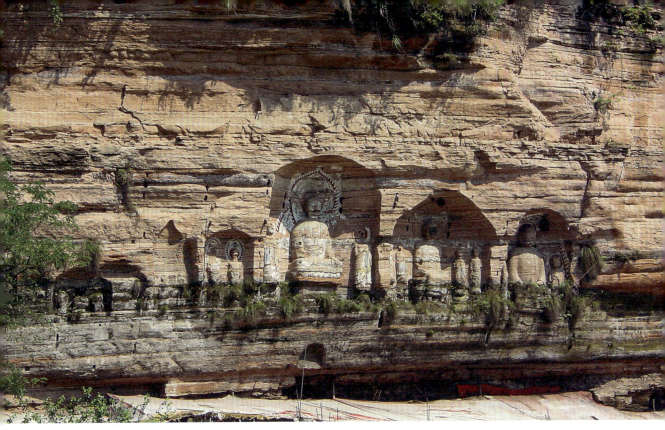

仙佛寺石窟摩崖造像

　　像开凿于岩壁之上，有大小不等的长方形孔洞，为原有窟檐遗迹。现建有三层钢混结构窟檐保护设施。具体如下：

　　K1立面呈拱形，平面呈半圆形。高约6.1、面宽3.1、进深1.1米，龛顶至地面13.6米。龛中有一佛二弟子，中为释迦牟尼佛，右为迦叶，左为阿难。壁面留有凿痕，呈45°斜长条形，深0.01米。窟壁面存有彩绘背光，3尊造像存有头光。

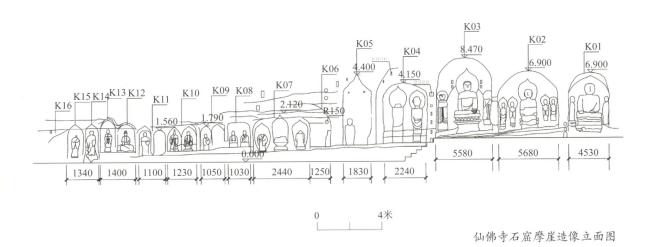

仙佛寺石窟摩崖造像立面图

因风雨侵蚀，部分彩绘已脱落，仅可辨认背光呈莲叶状，上饰有祥云纹，头光为红色光圈。释迦牟尼佛，砂岩质，呈坐相。通高5.1、须弥座高3.4、肩宽2.8米。其头高起肉髻，上有螺发，大耳侧立，慈眉善目，短颈宽肩。身穿双领下垂袈裟，内着僧祇支，衣襞较为规整。右手抚右膝，左手心朝上。双腿因风化严重，仅能辨认其呈跏趺坐。迦叶尊者，砂岩质，呈立相。通高3.2、肩宽1.2、座宽1.4米。风化严重，仅能辨认其身着僧袍，双手垂拱于胸前，衣襞较为规整。阿难尊者，砂岩质，呈立相。高3.2、肩宽1.1、座宽1.3米。风化严重，仅能辨认其身着僧袍，双手托一摩尼宝珠于胸前，衣襞较为规整。

K2立面呈拱形，平面呈半圆形。高约6.3、面宽3.7、进深1.2米，龛顶至地面13.85米。龛中有一佛二弟子二菩萨，中为释迦牟尼佛。释迦牟尼佛，砂岩质，呈坐相。通高5.3、座高3.7、座宽3.1、肩宽2.7米。面部风化严重且有黑色涂彩，仅可辨其有螺发，大耳侧立。头光呈水滴状，彩绘已脱落。其身着褒衣博带式袈裟，衣襞呈弧形对称状，僧裙下摆呈弧形对称飘于莲台外。手部残，结跏趺坐于覆莲座上。二弟子及胁侍菩萨带圆形头光侧立主尊左右，身着僧袍。弟子高肉髻，菩萨戴冠，缯带垂肩。面相清秀，呈笑面。胁侍造像分别高2.8、3.2米。

仙佛寺石窟 K1 造像（一佛二弟子）　　　　仙佛寺石窟 K2 造像（一佛二弟子二菩萨）

K3立面呈拱形，平面呈半圆形，龛顶至地面14.6米，龛高6.2、面宽4.2、进深1.3米。龛中造像为一佛二弟子。坐佛为砂岩质，高5、须弥座高3.4、座宽3.1米。高起肉髻，上有螺发，深目高鼻，大耳侧立。身穿双领下垂袈裟，内着僧祇支，衣襞较为规整，呈弧形对称状。手部残，结跏趺坐于仰覆莲台上。其身后浅浮雕头光和背光，边缘处涂红色火焰纹。二弟子通高3.8米，立于仰覆莲瓣纹饰的圆形宝座上。右侧迦叶尊者首残，左侧阿难尊者首部右上残。二弟子身着僧袍，双手垂拱于胸前。

K4立面呈拱形，平面呈半圆形。龛顶至地面11.3米，龛高5.4、面宽2.4、进深1.1米。龛中凿菩萨立像两尊。右尊残损较其，左尊通高2.7米。形态匀称，头戴宝冠，肩搭两条飘带垂于腿际，中间作结。胸饰三条垂式璎珞，腰束长裙，小腹微张，两腿修长。右手持净瓶，左手上举，动态稳重，神情平静。

K5～K16位于南端，由12个小佛像龛组成，大多为一龛一佛，造像题材以观音、地藏等为主，高1.5～2米，是损坏较为严重的区域，几乎无一尊保存完好。其中：

K5高4.4、宽1.83、进深0.59米，造像高1.71、肩宽0.76米，为一尊造像，风

仙佛寺石窟 K3 造像（一佛二弟子）　　　　　仙佛寺石窟 K4 造像（两尊菩萨）

化较为严重，仅可辨认其为立相，身着僧袍。

K6高2.12、宽3.71、进深0.51米，只保存中央方形佛座和左右两侧立像的下半身。

仙佛寺石窟 K5 造像

仙佛寺石窟 K6 造像

仙佛寺石窟 K7 造像

K7残高2.11、宽2.44、进深0.47米。
龛上部轮廓不清晰，损坏殆尽。中央保
存束腰形仰覆莲花座，其左右各残存一
像，头不存，衣饰不清，北侧似为立
像；南侧似为坐像。三像背后均凿有瘦
长的尖桃形背光。

K8高1.79、宽1.03、进深0.31米。存
二尊造像，头戴具有民族风格的冠，身
着长袍。

K9高1.78、宽1.05、进深0.29米。存
一尊造像，风化较为严重，呈立相。

K10高1.56、宽1.03、进深0.35米。
大龛内可细分二小龛，交界处龛线清
晰。北小龛凿长方体石座，座上善跏趺
坐一菩萨像，菩萨似戴冠，外披"U"
形大衣，胸前和肩部饰璎珞，左手置左

仙佛寺石窟 K8 造像

仙佛寺石窟 K9 造像

仙佛寺石窟 K10 造像

膝上，右手似上举。南龛内凿立像，头像轮廓尚存残部，瘦削，着曳地长裙，袖宽大下垂，腹下部垂带。左手似手执柄状物，右手握拳，拇指立起。

K11高1.16、宽0.51、进深0.38米，龛窟内无造像。

K12～K16均为一龛一像，龛轮廓瘦长，龛顶较尖，龛间界限清楚，下半部呈长方形立柱，造像保存不佳，上半部普遍被破坏，仅存下半部。K13为坐像，有头光，着圆领大衣。K14～K16均为有基座的立像。

仙佛寺石窟与中原地区、川渝地区同时期石窟及摩崖造像多有相同之处，其大型倚坐式佛像的雕凿，在国内也是较早、较大的实例之一。造像组合上，其一佛二弟子二菩萨、一佛二弟子等具有典型唐代造像特征的五像制和三像制。石窟集中体现了长江中游唐至五代最具规模和最为优秀的石窟造型艺术水平，具有较高的历史、艺术、科学和鉴赏价值，是长江中游地区石窟艺术的杰出例证。石窟地处鄂西南少数民族聚居地区，是当地土著文化与中原汉族文化相融合的产物，呈现地域化、世俗化的趋势，堪称少数民族地区石窟艺术的"里程碑"。石窟是迄今为止最早的武陵山区摩崖佛刻，是佛教在我国南传的重要历史遗存，为研究鄂西南地区少数民族与中原文化交流、渝鄂湘地

仙佛寺石窟 K11 造像

仙佛寺石窟 K12 造像

仙佛寺石窟 K13 造像

仙佛寺石窟 K14 造像

仙佛寺石窟 K15 造像

仙佛寺石窟 K16 造像

区的佛教文化历史提供了重要的实物资料。1956年，被列为第一批湖北省文物保护单位。2006年5月，国务院将其核定并公布为第六批全国重点文物保护单位。

- **保护范围：** 东面由酉水河西岸向东延伸25米至河中心，西面由崖壁顶部向外延伸50米至人行道西20米处，南面由崖壁南端向外延伸200米至佛潭大堰涵道出口，北面由盘山石级底部北面向外延伸60米至北边石塔，面积74900平方米。
- **建设控制地带：** 以保护范围四至为界，东面向外延伸至湖北、湖南省交界处，西面向外延伸至209国道东侧20米，南面向外延伸至一大冲沟北侧，北面向外延伸至宣恩县境内的一条山沟。面积825800平方米。
- **保存状况：** 洞窟形制结构基本保存完好；大、中型龛窟内造像整体保存较好，小型龛窟造像残损严重。窟外岩壁之上存有大小不等的为长方形孔洞的原有窟檐遗迹。现建有三层钢木结构窟檐保护建筑。
- **保护管理：** 文物保护由来凤县文物事业管理局负责，依托文物成立的景区由来凤县龙凤旅游开发投资有限公司使用经营。
- **利用情况：** 已建设为旅游风景区，供游客参观。有游客中心、停车场、星级卫生间等主要服务设施。
- **主要风险：** 造像表层风化（粉末状风化），水害（面流水危害），生物病害（植物、微生物）。
- **保护建议：** ①深入开展考古学调查研究，进一步发掘其仙佛寺文化内涵，揭示佛教及其佛教造像在湖北的发展脉络，丰富相关历史资料。②编制文物保护规划，开展风险病害治理工作。针对风化严重现状，可外加防风化罩，避免风雨侵蚀加速损害。推进危岩体加固（二期）工程建设。加强对岩体地质结构的定期监测。实施堵、截、引流、导流、防渗隔水、遮护等水害治理新技术。③实施本体修复和数字化工程。以石窟寺现状评估为基础，对造像、壁画等开展系统修复。借助现代科技，全面采集文物本体信息，为保护研究及合理利用提供基础档案信息，探索依托数字化技术充分展示文物价值，建设数字仙佛寺。加强文物价值可视化解读。④推进石窟寺安全防护工程，加强石窟寺安全防护设施和文物安全监管平台建设，完善人防、物防和技防设施，提升石窟寺安全防范能力。⑤做好旅游开发中的文物保护工作，落实文物安全责任，加强文物安全监管，整治周边环境，确保文物本体安全。

观音峡石窟

　　观音峡石窟位于湖北省恩施土家族苗族自治州利川市柏杨坝镇龙兴村二十组，东距柏杨坝镇兴隆集镇约4千米。海拔860米。地处巫山流脉与武陵山北上余脉的交会部，山峦起伏，沟壑幽深。年平均气温12.3℃，年平均降水量为1200～1400毫米。

　　石窟位于双峰对峙、狭窄陡峭的观音峡峡谷半山腰，建造在一天然岩洞内巨大的钟乳石上。谷底河流由东向西流过，对面悬崖绝壁，地势十分险峻。石窟开凿于清代，有龛窟1个，坐北朝南。石窟高4.04、进深6.1、宽6.6米。岩洞内的钟乳石上开凿有1尊观音像、5尊小型造像及其他。

　　观音像肩宽0.4、底宽0.78、通高1.52、头高0.32米，头戴毗卢帽，面部模糊不可辨认。身着左衽袈裟，外披天衣，袖口较为宽大，右手置于胸前，持一法器。双腿盘起，结跏趺坐于莲台上。其下有一小型佛像，高0.37、肩宽0.21米，背部拱起，呈走路状。

观音峡石窟全景

观音峡石窟部分造像

观音像西部有4尊造像，为一尊主神，左侧有一胁侍，右侧两胁侍。主神头戴方冠，身着长袍，较为宽大，左手持一法器，呈立相。左侧胁侍卑躬屈膝持一蒲扇，呈立相。右侧两胁侍呈立相，肩部互相依靠。造像下部有一仙人乘龙像，高0.54、宽0.67米，身着长袍，立于龙身中部，前身立起，龙爪飞扬。造像前方一对石狮分列两边，左侧狮子底长0.91、高0.86米，右侧狮子底长0.74、高0.64米。其西侧人像下有模糊不清的建窟人名等字迹。

观音峡石窟为研究鄂西南地区的佛教文化传播及"佛道合一"思想提供了重要的实物资料，具有一定的历史价值和文化价值。2011年8月9日，利川市人民政府将其公布为县级文物保护单位。

◆ 保护范围：文物本体面积25平方米，未划定保护范围。

◆ 建设控制地带：未划定。

◆ 保存状况：洞窟形制基本保存完整，窟内造像部分有残损。

◆ 保护管理：利川市文物局。

◆ 利用情况：原开发为旅游景区供游客参观，现景区已关闭。

◆ 主要风险：洞窟岩体结构失稳（溶蚀），造像表层风化（粉末状风化），生物病害（植物、微生物）。

◆ 保护建议：①开展考古学研究，进一步发掘其文化内涵，丰富历史资料。②开展风险病害治理工作。③完善文物保护"四有"工作，划定保护范围与建设控制地带。④做好旅游开发中的文物保护工作，落实文物安全责任，清理周围环境，加强文物保护宣传，确保文物本体安全。

观音岩卡门摩崖造像

观音岩卡门摩崖造像位于湖北省恩施土家族苗族自治州利川市谋道镇支罗村十组，东南距塘湾民居自然村落西北侧400米，西北距支罗村约1千米。海拔1167米。地处巫山流脉与武陵山北上余脉的交会部，地势险峻。年平均气温12.3℃，年平均降水量1200～1400毫米。

卡门是城门式石墙建筑，为关隘防守设施，一般扼守在地势险要之处，山区主要在山寨村口等险峻地带用于防匪患。观音岩卡门摩崖造像开凿于明嘉靖年间，由支罗土司黄中结盟兴寨时修建。由3处单体文物组成，其中窟龛2处、卡

观音岩卡门摩崖造像全景

观音岩卡门摩
崖造像特写

门1座。坐北朝南。两窟直线距离15米。卡门以规整条石修砌，通高3.6、宽1.95米，门洞高2.25、宽1.23米。左前龛窟有摩崖造像1尊，青石质，造像肩宽0.42、高0.61米，风化较为严重，仅能辨认其头戴民族风情的冠帽，身着长袍，双手置放于胸前，呈立相。右侧崖壁上窟龛宽1.7、高1、深0.45米，内凿浮雕佛像30余尊，分上、中、下三层排列，层间云雾缭绕，姿态各异。

观音岩卡门摩崖造像对研究鄂西南地方摩崖石刻及造像文化提供了重要的实物资料，具有一定的文化价值。1987年4月，利川市人民政府将其公布为县级文物保护单位。

◆ 保护范围：未划定。

◆ 建设控制地带：未划定。

◆ 保存状况：窟龛内浮雕佛像基本保存完整；摩崖造像风化严重，仅能依稀辨认。

◆ 保护管理：利川市文物局。

◆ 利用情况：未对外开放。

◆ 主要风险：造像表层风化（粉末状风化），生物病害（植物、微生物）。

◆ 保护建议：①对观音岩卡门摩崖造像及本区域其他卡门遗址一并开展考古学调查研究，进一步发掘其民族文化内涵，丰富历史资料。②编制文物保护方案，开展风险病害治理工作。③落实文物安全责任，加强日常安全检查，确保文物安全。④完善文物保护"四有"工作，划定保护范围与建设控制地带。

黑洞子摩崖造像

　　黑洞子摩崖造像位于湖北省恩施土家族苗族自治州利川市建南镇茶坪村三组，西距茶台柑子林村约100米，东距关牛坪村约1000米，由新梁到建南的石板道由西向东从造像前穿过。海拔918米。地处巫山流脉与武陵山北上余脉的交会部，植被茂盛。年平均气温12.3℃，年平均降水量1200～1400毫米。

　　黑洞子摩崖造像开凿于清代，坐南朝北，由3处单体文物组成，其中2处摩崖造像、1处石碑。摩崖造像位于窟龛内，两龛并列，石碑位于龛下部，其所在崖面较陡直。于石板路旁崖壁上凿两龛，分别高0.7、宽0.3、深0.24米，高0.8、宽0.4、深0.28米，因自然侵蚀，风化严重，仅能辨认其为2尊佛像，均为青石质。具体为：

　　左侧佛像，肩宽0.28、高0.54米，仅能辨认其身着长袍，躯体纤细，双手合十置于胸前，呈立相。

　　右侧佛像，肩宽0.28、座宽0.41、高0.81米，头戴方冠，身着长袍，袖口较为宽大，双手置于胸前，结跏趺坐于仰覆莲台上，为坐相。

黑洞子摩崖造像全景

黑洞子摩崖造像特写

　　石碑为青石质,高1.24、宽0.56、厚0.13米,楷书额题"同结善缘",正文记修建黑洞子佛龛经过。依龛外壁面凿有方形、圆形孔洞,直径0.01~0.05米,应为搭建原窟前挡板所做。

　　黑洞子摩崖造像为研究鄂西南地区佛教造像艺术提供了重要参考。2011年8月9日,利川市人民政府将其公布为县级文物保护单位。

- ◆ **保护范围:** 文物本体面积为10平方米,未划定保护范围。
- ◆ **建设控制地带:** 未划定。
- ◆ **保存状况:** 窟龛形制基本保存完好,摩崖造像风化严重。龛外壁面凿刻的方形、圆形孔洞等原建筑遗迹保存完整。
- ◆ **保护管理:** 利川市文物局。
- ◆ **利用情况:** 未对外开放。
- ◆ **主要风险:** 摩崖造像表层风化(粉末状风化),生物病害(植物、微生物)。
- ◆ **保护建议:** ①在已有材料基础上对黑洞子摩崖造像开展考古学研究,进一步发掘其文化内涵。②编制文物保护规划,开展风险病害治理工作。③完善文物保护"四有"基础工作,划定保护范围和建设控制地带。④开展数字化保护工作,采集相关文物信息,为合理展示利用提供基础资料。

睦家寨摩崖造像

　　睦家寨摩崖造像位于湖北省恩施土家族苗族自治州利川市建南镇黎明村三组，东距范家沟民房院落约1000米。海拔886米。地处巫山流脉与武陵山北上余脉的交会部，山峰绵延起伏。年平均气温12.3℃，年平均降水量1200～1400毫米。

　　睦家寨摩崖造像开凿于清代，共有窟龛3个、摩崖石刻2处，坐北朝南。清嘉庆八年（1803年），竹泉山人夏世清"以防患难而修寨堡，以储人才而修私塾"，在此建院筑寨。寨名"睦家寨"，院名"明德书院"。睦家寨四周绝壁陡坎，寨顶南高北低，平面呈不规则三角形。现寨堡虽毁，仍残存高1～5、厚2～3、长约600米的寨墙一段；城门炮台遗迹清楚，楹联题记随处可见。特别是寨上的摩崖造像和摩崖石刻，不仅保存较好，而且规模大，反映出寨上浓厚的文化氛围。

　　摩崖造像位于寨东门外的崖壁上，共3窟。第一窟为睦家寨创建者夏世清（竹泉山人）像，青石质，造像座宽0.61、肩宽0.42、高0.74米。其头戴方冠，身披长袍，双手置放于胸前并持一念珠。双腿盘起，坐于台上，着云头鞋。造

睦家寨摩崖造像全景

睦家寨摩崖造像特写

像西部为一仙鹤回首，东部为一莲花宝灯。依造像龛沿人工雕刻有祥云纹饰，中部有一圆形太阳。第二窟为"棹头是佛"像，青石质，造像座宽0.54、肩宽0.32、高0.61米。其面部风化较为严重，身着长袍，双腿结跏趺坐于双层仰覆莲花台上，双手紧握置于双膝上。第三窟为"一夫当关"武将像，青石质，造像肩宽0.26、高0.37米。头裹方巾，身着民族服饰，外披袍褂。背部有武器，应为箭头。右手外伸，左手叉腰，着云头鞋，呈立相。

　　两处摩崖石刻分布在长15、高5米的崖壁上，十分壮观。一处为"睦家寨"三个大字，镌刻于南寨门外的崖壁上，楷书阴刻，笔力遒劲，保存完好。另一处为"福"和"明德书院地"，位于寨北门外的崖壁上，笔法圆润，结构严谨，"福"的左上方和右下方分别楷书阴刻"咸丰八年"和"夏昌猷书"几个字。

　　睦家寨摩崖造像为研究鄂西南地区的摩崖造像及石刻文化提供了重要实物资料。2009年9月，恩施土家族苗族自治州第三次全国文物普查时将其列为新发现文物点。

- ◆ 保存状况：窟龛及摩崖造像基本保存完整，局部风化较为严重；摩崖石刻保存完好。
- ◆ 保护管理：利川市文物局。
- ◆ 利用情况：未对外开放。
- ◆ 主要风险：造像表层风化（粉末状风化），生物病害（植物、微生物）。
- ◆ 保护建议：①开展考古学研究，进一步发掘其文化内涵，丰富睦家寨历史资料。②开展风险病害治理工作。③落实文物安全责任，确保文物安全。④整合文物资源，纳入睦家寨旅游开发总体规划，助力乡村振兴，推动文旅融合发展。

王母城石窟

　　王母城石窟位于湖北省恩施土家族苗族自治州利川市建南镇龙泉村五组，东北距平镇集镇约5000米，一条石板古道由北向南直达山顶。海拔1543米。地处巫山流脉与武陵山北上余脉的交会部，群山起伏，沟壑幽深。年平均气温11.1℃，年平均降水量1378毫米。

　　王母城石窟始建于明代，清乾隆、光绪、民国多次维修扩建。石窟共有2处，由5个窟龛组成。其中，观音佛龛有3龛，位于主殿；三仙洞有2龛，位于主殿外侧东部。两窟直线距离15米。具体为：

　　观音佛龛高0.67、进深0.37、宽0.51米，两侧为楹联，左侧为"寻身救苦

王母城石窟全景

杨柳枝头玉露香"，右侧为"随震现像芙蓉花面春风暖"，中为观音造像，高0.51、肩宽0.21米，头戴五佛冠，中饰阿弥陀佛，身着袈裟，外披天衣，手托一瓶，盘坐于莲台上，两侧为胁侍童子。观音佛龛下有2小龛，左侧龛高0.24、进深0.14、宽0.18米，内有一石质造像，风化严重，仅能辨认其为坐相。右侧龛高0.23、进深0.13、宽0.15米。

三仙洞左侧窟高0.45、宽0.35、进深0.25米，右侧窟高0.67、宽0.73、进深0.25米。

王母城石窟为研究鄂西南地区佛教造像艺术提供了重要实物资料。利川市第二次全国文物普查时将其列为一般文物点。

◆ **保存状况：** 窟龛形制结构基本保存完好。观音造像及两胁侍童子为泥塑，经人为多次涂彩，已不可见原貌；石质造像风化严重。龛窟外壁残存搭建原窟前建筑所留方形孔洞，孔径0.11～0.31米。

◆ **保护管理：** 利川市文物局。

◆ **利用情况：** 未对外开放。

◆ **主要风险：** 洞窟表层风化（粉末状风化），其他风险（不当修复）。

◆ **保护建议：** ①对王母城石窟开展考古学研究，进一步发掘其文化内涵，丰富历史资料。②开展风险病害治理工作。③落实文物安全责任，加强日常安全监管，消除人为不当修复影响。

观音岩石窟

　　观音岩石窟位于湖北省恩施土家族苗族自治州利川市谋道镇太平村张家湾，北距村路41米。海拔1075米。地处巫山流脉与武陵山北上余脉的交会处，山势险峻。年平均气温12.3℃，年平均降水量1200～1400毫米。

　　石窟始建于清代，坐北朝南，于自然山体崖壁开凿，共有窟龛1个、造像1尊。窟龛高0.62、进深0.21、宽0.43米，平面形状为半圆形，立面形状呈方形。龛两侧为石刻楹联，隶书，右侧为"紫竹垂王像"，左侧为"白莲现金身"。窟龛所在壁面经人工开凿打磨，较为陡直光滑，距现地面1.51米。石窟周边人迹罕至，为竹林。龛上方长方形横孔为设立石板或木板形龛檐所做，并打破原来略呈

观音岩石窟全景

观音岩石窟造像

　　半圆形的龛顶。龛下部增凿的长方形石条供案的桌腿先在崖壁内凿方形孔，后插入短柱状石块。观音像高0.51、肩宽0.14、座宽0.25米，头戴僧帽，身着褒衣博带式袈裟，后披天衣。衣襞呈弧状对称，较为规整，具有民族特色。其手置膝上，结禅定印，双腿结跏趺坐于莲台上。观音像饰金彩，现部分脱落。

　　观音岩石窟对研究鄂西南地方宗教信仰和石刻艺术具有一定价值。2021年1月，恩施土家族苗族自治州石窟寺专项调查时将其列为新发现石窟寺。

◆ 保存状况：窟龛形制基本保存完好。造像风化较重，表层饰金彩已部分脱落。
◆ 保护管理：利川市文物局。
◆ 利用情况：未对外开放。
◆ 主要风险：洞窟岩体结构失稳（岩体内结构面切割），洞窟表层风化（粉末状风化）。
◆ 保护建议：①开展考古学研究，进一步发掘其文化内涵。②开展风险病害治理工作。③落实文物安全责任，加强日常安全监管。

第三节
鄂东地区

鄂东地区石窟寺主要集中在鄂东大别山一带的黄冈市、幕阜山脉一带的咸宁市及武汉市，以天然洞穴类和混合类石窟寺为典型代表。规模普遍不大，小型而分散，单体窟龛摩崖造像偏多。大多文物保护级别不高。年代以明清时期为主，少数跨不同历史朝代。受禅宗文化影响深远，摩崖造像大多位于简陋的庙宇内。形制上，多为一主二胁侍；风格上，以圆浑之感体现佛祖（菩萨）的庄重与威严，具有鲜明的艺术个性与时代特征。

唐王洞石窟

　　唐王洞石窟位于湖北省黄冈市麻城市阎家河镇蔡家岗村洞下塆北80米一陡如墙壁的红石山山腰，南邻丁家坳东南约600米处为全国重点文物保护单位柏子塔。海拔127米。地处大别山余脉，为丘陵山地。年平均气温13～16.1℃，年平均降水量1111.2～1688.7毫米。

　　石窟开凿于唐代，为一处人工凿刻洞窟。据地方志记载唐王李世民路过柏子塔，在此休息，由此得名。石窟坐东向西，半圆形拱门，洞门高1.85、宽1.3米。内设弧形二层台，高0.25米，窟内顶高2.2、内宽3、进深2.85米，洞内东端设神台，长1.8、宽0.4、高0.5～0.6米，洞壁面有人工凿痕，造像不存。窟外无建筑、窟檐遗迹和寺院遗址。开凿的九级石阶由洞口至地面，洞口东西两侧各有柱洞两

唐王洞石窟全景

唐王洞石窟近照

个，南端地面残留6个柱洞。

　　唐王洞石窟对研究鄂东地区佛龛形制结构及当地宗教文化提供了重要依据和参考。2012年5月，麻城市人民政府将其公布为县级文物保护单位。

- ◆ 保护范围：以洞体外缘为界，四周各向外延伸100米。
- ◆ 建设控制地带：以保护范围四至为界，四周各向外延伸500米。
- ◆ 保存状况：洞窟形制基本保存较好，无造像、题记、碑刻铭文及其他附属文物。洞前残留有柱洞。
- ◆ 保护管理：阎家河镇文化站。
- ◆ 利用情况：未对外开放。
- ◆ 主要风险：风化（粉末状风化），水害（面流水），生物病害（植物、微生物），其他风险（焚香烟熏）。
- ◆ 保护建议：①开展风险病害治理工作。②完善展示利用设施及周边交通，以全国重点文物保护单位柏子塔为中心，连接唐王洞，形成佛教文化遗址、遗迹群，挖掘文物背后的故事，促进文旅融合，助力乡村振兴。③开展日常检查，妥善处理宗教活动，确保文物安全。

石佛洞石窟

　　石佛洞石窟位于湖北省黄冈市麻城市宋埠镇李华村范家坳塆西北部管山南坡处。海拔188米。地处大别山山系管山支脉，丘陵地带。年平均气温16.1℃，年平均降水量1164.4毫米。

　　石佛洞开凿于明代弘治十四年（1501年），为一处人工雕琢洞窟，坐东南面西北。洞口呈拱形门状，顶部由一巨石盖顶，外观似一石屋。洞窟平面呈正方形，穹隆顶，长5.4、深5米。正壁、左壁、右壁陡直，地面较平。窟内正壁处由13块石块铺成高、低两级台面，台面上供奉5尊高浮雕佛像，其中4尊佛像放立在石块铺陈的基座上，1尊用榫卯结构安放在长方形基座上，从左至右依次编号为K1：1～K1：5。具体为：

　　K1：1，灰褐石质。佛首缺失，肩部以上已毁，佛身呈圆柱形，着褒衣博带式袈裟，雕刻莲花纹饰，盘腿端坐于回格纹底座上，一手抚于腹部，一手抬至胸口，掌心向外，神态似在讲经布道。残高95、底座高40、宽65厘米。

　　K1：2，灰褐石质。首缺失，肩部以上已毁，整体呈长方形，双手合十，足踏莲花座台上。残高165、底座高40、宽70厘米。

　　K1：3，灰褐石质。颈部以上已毁，双肩宽厚，端坐双层莲花佛台上，着通肩式僧衣，纹饰精美繁多，以莲花纹、云纹居多。双手交叉握于胸前。该佛像居洞

石佛洞石窟全景

窟正中，左右两侧各两尊佛像，似是该洞之主佛。残高145、肩宽95、底座高85、宽140厘米。

石佛洞石窟造像

K1：4，灰褐石质。头部已毁，仅存圆光，无纹饰。着僧裙，下摆饰缠枝莲纹及云纹，盘腿端坐于底座上，一手抚于腹部，一手抬至胸口，掌心向外，神态与1号佛像相似。底座正中一"口"字形凹槽。残高200、宽90、底座高约70、宽115厘米。

K1：5，灰褐石质，用榫卯结构安放在长方形基座上。圆光保存完好，刻云纹，佛首缺失。着僧裙，下摆饰缠枝莲纹，双手交叉于腹部，盘腿坐于莲花底座之上，右侧有阴刻楷书铭文"弘治十四年立心造"。佛像高180、肩宽100、底座高70、宽100厘米，基座长100、宽60、厚20厘米。

五尊佛像后壁右上角有浮雕像三幅，均雕有圆形外框，佛像面部已毁，留莲瓣纹局部。原石砌券拱洞门的石构件不存。

石佛洞石窟对研究鄂东地区佛教造像艺术史和宗教文化史提供了实物资料，具有一定的历史价值和文化价值。2012年5月，麻城市人民政府将其公布为县级文物保护单位。

- ◆ 保护范围：以洞体外缘为界，四周各向外延伸100米。
- ◆ 建设控制地带：以保护范围四周为界，各向外延伸500米。
- ◆ 保存状况：洞窟形制结构基本保存完好；5尊佛像有残缺，头部均已毁；3尊浮雕像有残损，图案不清。窟外无窟檐遗迹和寺院遗址。
- ◆ 保护管理：宋埠镇文化站。
- ◆ 利用情况：未对外开放。
- ◆ 主要风险：洞窟岩体结构失稳（裂隙水压力），水害（裂隙渗水），其他风险（焚香烟熏）。
- ◆ 保护建议：①开展考古学研究，进一步挖掘文化内涵，丰富历史资料。②开展风险病害治理工作。③实施数字化保护工程，采集文物及相关遗迹信息。④落实文物安全责任，依照民族宗教政策，规范、引导与管理相关宗教活动。⑤将石窟作为乡土文化遗产，纳入"秀美乡村"计划，完善展示利用配套设施，创造条件，对外开放，推动文旅融合。

观音岩石窟寺

　　观音岩石窟寺位于湖北省黄冈市麻城市白果镇名龙湖村（原学堂岗村，后因重新规划合并到名龙湖村）西南部500米。海拔169米。地处大别山余脉。年平均气温16.3℃，年平均降水量1299.5毫米。

　　石窟寺开凿于清代，坐南朝北，依山就势在自然岩体上凿刻。平面形状呈方形，立面形状呈拱形，顶部为一凸出的岩体，南北宽1~4、通高4.5米。西部岩体存彩绘浮雕无面佛像1尊，为清代雕刻，高1.75、宽0.9米，仅见上身衣饰及手型，其余部分均已模糊不辨，局部彩绘剥落，纹饰模糊不清。

　　观音岩石窟寺地处偏僻山区，窟内残存彩绘佛像遗存，是鄂东北区域常见佛像造像，为研究鄂东北地区明清时代佛像艺术提供了重要的实物资料，对当地佛教文化传播及民间信仰变迁的研究具有参考作用。2012年5月，麻城市人民政府将其公布为县级文物保护单位。

观音岩石窟寺全景

观音岩石窟寺造像

◆ **保护范围：** 以石窟寺外缘为界，四周各向外延伸100米。

◆ **建设控制地带：** 以保护范围四至为界，四周各向外延伸200米。

◆ **保存状况：** 造像大部分脱落损毁，仅残存彩绘无面佛像遗存。与佛像同时代的用于祭拜活动人工建筑及护栏护岸，保存完好。

◆ **保护管理：** 白果镇文化站。

◆ **利用情况：** 未对外开放。

◆ **主要风险：** 风化（粉末状风化），水害（裂隙渗水、面流水），生物病害（植物、微生物）。

◆ **保护建议：** ①开展考古学调查，进一步挖掘文化内涵。②治理风险病害，开展数字化保护工作。③建立文物安全长效机制，处理好宗教活动和文物保护的关系。

什子河石窟寺

　　什子河石窟寺位于湖北省黄冈市麻城市张家畈镇李家山村什子河塆西北50米（2016年行政区调整划为麻城市龟峰山风景区），什子山北部。海拔473米。地处大别山余脉。年平均气温13～16.1℃，年平均降水量1111.2～1688.7毫米。

　　石窟寺开凿于清代，坐南朝北，共有洞窟1处，大部分为天然岩体开凿，少部分为人工砌成。整体高3.3、宽12.2米。石窟顶部较平，为一天然不规则三角形的巨大岩石，盖住石窟寺的顶部，从而形成了一个天然的岩石屋顶。洞窟门为人工砌成，呈长方形，高1.9、宽0.97米。窟门入口西北方向有一天然岩石，贴近石

什子河石窟寺全景

窟寺门口，与整个洞窟紧密相连。石窟寺内平面形状呈不规则形，分布面积80平方米。

什子河石窟寺为鄂东地区石窟寺文化研究以及当地佛教文化研究提供了实物资料。2012年5月17日，麻城市人民政府将其公布为县级文物保护单位。

什子河石窟寺洞窟入口

- ◆ 保护范围：以石窟寺外缘为界，四周各向外延伸100米。
- ◆ 建设控制地带：以保护范围四至为界，四周各向外延伸200米。
- ◆ 保存状况：洞窟形制结构基本保存较好，无造像、题记、碑刻铭文及其他附属文物。
- ◆ 保护管理：张家畈镇文化站。
- ◆ 利用情况：未对外开放。
- ◆ 主要风险：风化（粉末状风化），水害（面流水、裂隙渗水），生物病害（植物、微生物）。
- ◆ 保护建议：①开展风险病害治理工作。②加强日常维护和基础性保护。③落实文物安全责任，确保文物安全。

方姑洞石窟寺

　　方姑洞石窟寺位于湖北省黄冈市麻城市张家畈镇新屋塆后方姑洞山半山腰上（2016年行政区调整划为麻城市龟峰山风景区），距方姑洞村新屋塆（自然村）约2千米。海拔626米。

　　石窟寺坐北朝南，有洞窟1处，大部分为天然岩体开凿，少部分为人工砌成。窟内最高点5.54米，最宽处12米，窟顶是山腰凸出的天然而巨大的岩石，宛若一巨大蛇头覆盖住石窟寺上方，形成一个天然的岩石屋顶，整体外观犹如一座石屋。

　　石窟寺无窟檐，周围无其他遗址遗迹，植被密集，杂草茂盛。有西、南两个洞窟入口，里面不相通，中间有一隔墙，将窟内空间一分为二。西面洞窟进深4、宽5米，岩壁呈不规则凸出状，入口处石阶被毁，岩顶高低不规则，最高

方姑洞石窟寺全景

2.5、最低处不到1米。南面洞窟进深12.5、宽7米，岩壁顶部形态不规则，高2.5米左右。洞窟内平面形状呈不规则长方形，岩壁局部有人工凿痕，石窟内顶部呈不规则斜面，东高西低。

方姑洞石窟寺对鄂东地区石窟寺文化研究具有参考作用，对当地佛教文化研究具有一定意义。2012年5月17日，麻城市人民政府将其公布为县级文物保护单位。

方姑洞石窟寺入口

- ◆ 保护范围：以石窟寺外缘为界，四周各向外延伸100米。
- ◆ 建设控制地带：以保护范围四至为界，四周各向外延伸200米。
- ◆ 保存状况：洞窟形制结构基本保存完好，窟内无佛龛佛像、题记、碑刻铭文及其他附属文物。
- ◆ 保护管理：张家畈镇文化站、方姑洞村村委会。
- ◆ 利用情况：未对外开放。
- ◆ 主要风险：洞窟岩体结构失稳（坍塌），岩层表面风化（风化裂隙切割），水害（面流水），生物病害（植物、微生物）。
- ◆ 保护建议：①开展考古学研究，发掘其文化内涵和科学价值。②开展风险病害治理工作。③加强文物安全监管，处理宗教活动与文物保护的关系，防止人为破坏。

狮子涎石窟寺

　　狮子涎石窟寺位于湖北省黄冈市麻城市张家畈镇张门口村彭家山塆西南约500米（现划为麻城市龟峰山风景区）。地处大别山南麓，山势险峻，植被茂盛。海拔294米。

　　石窟开凿于清代，坐北朝南，地势北高南低，共有洞窟1处，是由四块自然岩石形成的三角形石窟。石窟整体高2.85、宽2.5米，窟顶是一块天然的岩石，犹如一个侧面的狮子头。窟内后壁靠右处，有石雕佛像1尊，高42.5、宽24、厚5.5厘米。石佛面容丰润、双目低垂、神情自若、双耳垂肩；双手相握置于袖中，双腿盘坐石台，露出双足。石佛身着衣服的纹理雕琢清晰，纽扣、褶皱清晰可见，衣服上的色彩基本褪去，仅有部分残留。

　　狮子涎石窟寺为研究鄂东地区佛教造像艺术及宗教文化提供了历史实物资料。2012年5月17日，麻城市人民政府将其公布为县级文物保护单位。

狮子涎石窟寺全景

狮子涎石窟寺造像

◆ 保护范围：以石窟寺外缘为界，四周各向外延伸100米。

◆ 建设控制地带：以保护范围四至为界，四周各向外延伸200米。

◆ 保存状况：洞窟形制结构基本保存完好，造像保存较好。

◆ 保护管理：张家畈镇文化站、张门口村村委会。

◆ 利用情况：未对外开放。

◆ 主要风险：洞窟岩体结构失稳（坍塌），风化（风化裂隙切割），水害（裂隙渗水）。

◆ 保护建议：①开展风险病害治理工作。②建立文物安全长效机制，加强妆彩、涂画、燃香等违规行为管理，规范宗教活动。

万姑洞石窟

　　万姑洞石窟位于湖北省黄冈市麻城市张家畈镇东南沟村罗家湾东北2千米山上（现归属麻城市龟峰山风景区）。地处大别山南麓，四周山势崇隆，层峦复涧，秀谷相叠，树木茂盛。海拔960米。

　　石窟开凿于明代。坐北向南，由一岩石底部开凿而成。洞口呈不规则半圆形，洞窟平面似壶状，窟顶为穹隆顶，正壁、左壁、右壁陡直。窟内地面里高外低，窟口处地面由不规则石块铺成。洞窟正中和东壁处各设一佛龛，无佛像。正中佛龛由条石、方整石垒砌而成，平面呈长方形，面阔195、进深150、通高235厘米，外形酷似鄂东民居三开间结构。东壁佛龛依壁势建于由三块层石砌成的台

万姑洞石窟全景

万姑洞石窟内景

基上，坐东向西，佛龛长50、高55厘米，长方形块石铺设成屋面，人字形屋脊，神兽屋吻，佛龛正面形制为长方形，面阔145、进深125厘米；侧面呈三角形，一面坡条石屋面。

万姑洞石窟为研究麻城地区明代佛龛形制提供了重要的实物资料。2012年5月，麻城市人民政府将其公布为县级文物保护单位。

◆ 保护范围：以洞体外缘为界，四周各向外延伸100米。

◆ 建设控制地带：以保护范围四周为界，各向外延伸200米。

◆ 保存状况：洞窟形制和佛龛基本保存完好，佛像已毁无存。

◆ 保护管理：麻城市龟峰山风景区。

◆ 利用情况：未对外开放。

◆ 主要风险：风化（风化裂隙切割），水害（裂隙渗水、面流水），其他风险（焚烧烟熏），自然灾害。

◆ 保护建议：①开展数字化工作，全息记录文物及相关遗迹信息，为保护、研究及合理利用提供基础档案信息。②开展风险病害治理工作，整治周边环境，清除杂草，减少外力对石窟寺主体的威胁。③加强日常安全监管，设立保护标志牌，规范烧香等行为。

大塘塆摩崖造像

 　　大塘塆摩崖造像位于湖北省黄冈市罗田县匡河镇施家畈村大塘塆东侧山岩石壁上，西北临观音山，南面为山涧。地处大别山南麓。海拔380米。

 　　摩崖造像开凿于宋代，坐东北朝西南。雕凿于一面积约6平方米的不规则圆形单体岩石上，在岩石立面造一圆额壁龛，龛宽1.2、高1.1米，造像位于圆额壁龛中，共3尊，正中是反背观音像，左右各一童子像。观音像为一尊莲花托台浮雕反背形体观音坐像，宽0.55、高0.7米。观音像北部东西两侧各浮雕一龙首。壁龛外造像以龛顶圆额造型和龛侧壁及龛外石壁造像为主。西侧龛外石壁上浮雕一

大塘塆摩崖造像全景

大塘塆摩崖造像近照

善财童子，东侧壁龛侧壁上浮雕一龙女造像，分列在观音像东西两侧。龛顶圆额上雕刻瑞兽和宝塔等祥瑞形象。

大塘塆摩崖造像造型独特，目前在黄冈地区仅发现此处，为该地区造像年代学研究提供了科学依据，对研究当地人文历史具有一定史料价值，也为秀美的自然风景增添了人文内涵，对研究佛教在鄂东地区的发展具有重要价值。2012年，罗田县人民政府将其公布为县级文物保护单位。

- ◆ 保护范围：以造像边缘为界，四周各向外延伸20米。
- ◆ 建设控制地带：以保护范围四至为界，四周各外延20米。
- ◆ 保存状况：造像形制保存较好，但因人为油饰彩绘，原貌已无从辨认。造像外建有现代寺庙。
- ◆ 保护管理：施家畈村村委会。
- ◆ 利用情况：未对外开放。
- ◆ 主要风险：风化（粉末状风化），其他风险（人为涂鸦、烟熏）。
- ◆ 保护建议：①开展考古学研究，进一步挖掘文化内涵，揭示反背观音像的历史价值。②开展风险病害治理工作。③开展数字化保护工作。④落实文物安全责任，加强对焚烧香纸、乱涂油饰彩绘等行为的管理。

虎母山摩崖造像

  虎母山摩崖造像位于湖北省黄冈市罗田县骆驼坳镇卢家坳村西侧虎母山峰石壁上。属地东北向为望江垴山，西南是低小山丘。海拔227米。

  摩崖造像开凿于元代，雕凿于虎母山水库西北侧山峰一不规则自然巨石的西南侧面，坐东北朝西南。造像外建造有现代混凝土壁龛，呈莲瓣形。龛内共有3尊造像。正中浮雕一尊莲花座观世音造像，莲花座高0.19米，造像高0.42米，容貌端严，体态丰满；两侧各站一童子像，均高0.22米。

虎母山摩崖造像全景

虎母山摩崖造像近照

　　虎母山摩崖造像内容属佛教文化题材，保留唐宋传统风格，具有一定的艺术价值，为这一地区造像年代学研究提供了科学依据，对研究佛教在鄂东地区的发展具有较为重要的价值。第三次全国文物普查时发现，2012年，罗田县人民政府将其公布为县级文物保护单位。

- ◆ 保护范围：造像四周各15米。
- ◆ 建设控制地带：以保护范围为界，四周各向外延伸20米。
- ◆ 保存状况：造像整体保存较好，但人为涂饰金粉，且在造像胸前镶嵌方形玻璃镜，对造像造成一定损坏。依造像岩石建有现代砖混结构寺庙。
- ◆ 保护管理：卢家坳村村委会。
- ◆ 利用情况：未对外开放。
- ◆ 主要风险：造像表层风化（粉末状风化），其他风险（人为涂鸦、烟熏、刻划）。
- ◆ 保护建议：①开展风险病害治理，整治周边环境。②落实文物安全责任，加强日常安全监管，减少人为损坏风险。③开展数字化保护工作。

天保山摩崖造像

　　天保山摩崖造像位于湖北省黄冈市罗田县白莲河乡张家山村天保山顶部。地处大别山南部，四周为民居村落。海拔610米。

　　摩崖造像开凿于元代，坐西北朝东南，雕凿于山冈一自然山石上，高0.85、长1.9米，所占面积1.6平方米。共有造像6尊，正中为观音像，两童子、两护法分别列于其左右，最右边后加一佛像。

　　造像为浅浮雕，主要分列于中部圆额长方形框内和左、右两侧长方形框内。圆额长方形框内浮雕观音坐莲造像，观音手托净瓶，莲花底座下是海水纹，头部雕头光（又称圆光或项光），头光左右刻"月、日"两字，两字周围刻勾连云

天保山摩崖造像全景

天保山摩崖造像局部

纹。观音两旁雕凿善财童子和龙女，均作揖状立于莲蓬上。左右两侧长方形框内各雕凿一护法，右侧护法手持法器宝剑挥于头顶，左侧护法手持法器拂尘于胸前。最右侧雕有一素面佛像，该尊造像与前面造像风格不同，应为现代所凿。

　　天保山摩崖造像内容属佛教文化题材，容貌端严，体态丰满，保留唐宋传统风格，具有一定的艺术价值，对当地自元代以来佛教文化的传播与变迁研究具有一定意义。2012年，罗田县人民政府将其公布为县级文物保护单位。

- ◆ 保护范围：造像四周15米。
- ◆ 建设控制地带：以保护范围四至为界，四周各外延15米。
- ◆ 保存状况：造像整体保存较好，但人为在造像上油饰彩绘，原貌被破坏。依造像岩石建有现代砖混结构寺庙，对造像有保护作用。
- ◆ 保护管理：张家山村村委会。
- ◆ 利用情况：未对外开放参观。
- ◆ 主要风险：造像表层风化（粉末状风化），其他风险（人为涂鸦、烟熏、刻划）。
- ◆ 保护建议：①开展考古学研究，进一步挖掘文化内涵。②加强文物保护，规范焚香行为，清除油饰彩绘，整治周边环境，确保文物安全。③治理风险病害，开展数字化保护工作。

葫芦石摩崖造像

葫芦石摩崖造像位于湖北省黄冈市浠水县白莲镇葫芦石村丰乐岩水库南50米的葫芦石庙内。西临107县道，北为丰乐岩水库。海拔312米。

摩崖造像开凿于清代，雕凿于寺庙内一葫芦形自然山石上，造像前为现代供台。山石高3、宽3.7米，石面较为平整。整个造像幅面呈底平上弧的圭形，下窄上宽，通高0.65、宽0.4米，占石面积约0.32平方米。共有造像3尊，由中部观音像及其左右金童玉女组成。观音体态圆润，头部发髻高耸，左手持净瓶，右手持柳枝，盘坐于莲花台上。观音左右两侧侍童正面站立于莲蓬上，右侧侍童双掌合于胸前，左侧侍童双手于胸前交叉。围绕观音及侍童周围饰卷云纹，画面左右两底角各饰盛开的莲花。

葫芦石摩崖造像全景

葫芦石摩崖造像近照

葫芦石摩崖造像内容为佛教文化题材,对当地清代以来造像艺术及佛教文化的传播、变迁研究具有参考价值。1984年,浠水县人民政府将其公布为县级文物保护单位。

◆ 保护范围:以摩崖造像所在山石为界,四周各向外延伸20米。

◆ 建设控制地带:以保护范围四至为界,四周各向外延伸30米。

◆ 保存状况:造像形制基本保存完整,但人为施以油饰彩绘,原貌破坏严重。依造像外建有现代寺庙,对造像有保护作用。

◆ 保护管理:葫芦石村村委会。

◆ 利用情况:未对外开放。

◆ 主要风险:风化(风化裂隙切割),水害(裂隙渗水),其他风险(彩绘、烟熏)。

◆ 保护建议:①开展考古学研究,进一步挖掘文化内涵,为开展合理利用提供学术支撑。②开展风险病害治理工作。编制保护方案,隔绝水介质,切断污染源,降低风化速度,减弱水害侵蚀。清除造像表层涂饰。③开展数字化工作。全面记录造像文物及相关遗迹信息,为保护、研究及合理利用提供基础档案信息。④加强文物安全监管,配置必要消防设施,规范宗教行为。

白莲崖摩崖造像

　　白莲崖摩崖造像位于湖北省浠水县白莲镇大岭沟村六组大岭岗（自然村）西南50米处的斗方山东坡中上部。海拔302米。

　　摩崖造像始建于清代，雕凿于斗方山一座名为白凌岩观音庙内的岩石上部，坐西北向东南。造像位于岩石立面的桃形浅龛中，龛体略低于周围石面，通宽0.4、通高0.5米，面积约0.3平方米。龛内共3尊造像，正中为观音像，头戴帽冠，冠部后饰圆形头光，双手交合置于腿上，结跏趺坐于莲花台上，莲花台

白莲崖摩崖造像全景

为九瓣带柄莲花，背后有桃形背屏。观音像身后桃形背屏两侧各雕凿一侍童，侍童形体比观音小，双脚前后站立，侧面朝向观音，身着长袍，双手弯曲前伸持物。右侧侍童持瓶，左侧侍童所持物品已毁。

白莲崖摩崖造像内容为佛教文化题材，对当地清代以来造像艺术及佛教文化的传播、变迁研究具有一定意义。1984年，浠水县人民政府将其公布为县级文物保护单位。

白莲崖摩崖造像近照

- ◆ 保护范围：以摩崖造像所在山石为界，四周各向外延伸20米。
- ◆ 建设控制地带：以保护范围四至为界，四周各向外延伸30米。
- ◆ 保存状况：造像工艺水平不高，比例失衡、手法不精，整体保存较差，人为涂饰现代彩绘，原貌已不辨。依造像外建有现代寺庙，对造像有保护作用。
- ◆ 保护管理：大岭沟村村委会。
- ◆ 利用情况：未对外开放。
- ◆ 主要风险：风化（粉末状风化、风化裂隙切割），水害（裂隙渗水、面流水），其他风险（焚香烟熏等人为破坏）。
- ◆ 保护建议：①开展考古学研究，进一步挖掘造像文化内涵，为开展合理利用提供学术支撑。②编制保护规划方案，开展风险病害治理。③加强文物安全监管，整治周边环境，规范祭祀燃香行为，配置必要消防设施。

城山摩崖造像

  城山摩崖造像位于湖北省黄冈市浠水县巴河镇城山村城山南侧，城山大士阁寺庙内北面石壁上。西距巴河镇约10千米，北临城山水库。海拔224米。

  摩崖造像始建于清代，雕凿于城山南面石壁上，有单体浮雕观音像1尊，通高50、宽38厘米。观音像头部有圆形头光（又称圆光或项光），面容慈祥，结跏趺坐，双手禅定印，衣衫飘逸。造像表面被当地村民涂饰金色彩绘。造像前建有现代供台。

城山摩崖造像全景

城山摩崖造像近照

城山摩崖造像内容为佛教文化题材，对当地清代以来造像艺术及佛教文化的传播、变迁研究具有参考价值。1984年，浠水县人民政府将其公布为县级文物保护单位。

◆ 保护范围：以造像所在山石为界，四周各向外延伸20米。
◆ 建设控制地带：以保护范围四至为界，四周各向外延伸30米。
◆ 保存状况：造像表层被人为涂饰的现代彩绘所覆盖，给文物本体原貌造成破坏。依造像外建有现代寺庙，对造像有保护作用。
◆ 保护管理：城山村村委会。
◆ 利用情况：未对外开放。
◆ 主要风险：风化（裂隙切割病害），其他风险（焚香烟熏等人为破坏）。
◆ 保护建议：①开展考古学研究，进一步挖掘造像文化内涵。②开展风险病害治理工作，清除造像表层涂饰。③加强文物安全监管，规范祭祀燃香行为，整治周边环境，消除安全隐患。

三台山摩崖造像

　　三台山摩崖造像位于湖北省黄冈市浠水县清泉镇三台村四组华家弄湾西面约500米的三台山山顶。东北距县城约9000米。海拔173米。

　　摩崖造像建于清代，雕凿于三台山祖师殿里面一自然山石中部，坐南面北，单体1尊。造像为皓首长须老者，双耳垂肩，面目慈祥，正襟危坐，身着蟒袍，腰系宽带，双手扣紧腰带，双膝屈垂，表层被施以现代彩绘。造像两侧陈列现代泥塑佛像。

　　造像趋于现实中的人物，写实风格较浓，雕凿精湛，造型独特，能真实反映当地宗教文化和人文内涵，对研究浠水县及周边摩崖造像、宗教文化具有参考价值。1984年，浠水县人民政府将其公布为县级文物保护单位。

三台山摩崖造像外景

三台山摩崖造像近照

- ◆ 保护范围：以摩崖造像所在山石为界，四周各向外延伸20米。
- ◆ 建设控制地带：以保护范围四至为界，四周各向外延伸30米。
- ◆ 保存状况：造像形制基本保存较好，但人为涂饰彩绘，对文物本体造成损害。依造像外建有现代寺庙，对文物有保护作用。
- ◆ 保护管理：三台村村委会。
- ◆ 利用情况：未对外开放。
- ◆ 主要风险：风化（风化裂隙切割），水害（渗水），其他风险（焚香烟熏等人为破坏）。
- ◆ 保护建议：①开展考古学研究，挖掘文化内涵。②开展风险病害治理工作。③落实文物安全责任，加强祭祀燃香行为监管，配置必要消防设施，确保文物安全。

石和湾摩崖造像

　　石和湾摩崖造像位于湖北省黄冈市黄梅县停前镇南冲村南山古道西侧。海拔154米。地处大别山余脉古角山系，山势险峻，秀谷相叠。年平均气温15.7～17.1℃，年平均降水量1223～1493毫米。

　　造像开凿于宋辽金时期，雕凿在一自然形成的巨大岩体崖壁正中，坐西朝东。造像外框高1.43、宽1.05、开凿深度0.05米。崖壁下方凿有浮雕莲花座，座上承托一慈眉善目、方面大耳、身着袈裟、高1.19米的结跏趺坐佛像一尊，佛像上方凿一人字宝伞，宽0.08、深0.05米。造像左右两侧及下方均凿有长方形幅框，内镌刻有字，因年代久远，雕刻深度较浅，导致风化严重，现无法辨认。

石和湾摩崖造像全景

石和湾摩崖造像近照

　　石和湾摩崖造像构图精美完整，线条流畅，刻划逼真，整体画面显示了一定的雕刻水准，是黄梅县发现的比较典型的佛像雕像之一，其内容属佛教文化题材，对当地佛教文化的传播与变迁研究具有参考意义。第二次全国文物普查时发现，2000年4月28日，黄梅县人民政府将其公布为县级文物保护单位。

◆ 保护范围：以摩崖造像边缘为起点，向四周延伸5米。

◆ 建设控制地带：未划定。

◆ 保存状况：造像形制基本保存完好；镌刻文字风化严重，现无法辨认。

◆ 保护管理：停前镇政府。

◆ 利用情况：未对外开放。

◆ 主要风险：风化（差异风化），水害（面流水），生物病害（植物、微生物），其他风险（涂刷油漆等人为破坏）。

◆ 保护建议：①开展考古学研究，进一步挖掘文化内涵。②根据摩崖造像面临的主要风险病害，实施有针对性的保护措施。③完善文物保护"四有"工作，划定建设控制地带。④建立文物安全长效机制，整治周边环境，规范宗教行为，确保文物安全。

菩萨墩摩崖造像

　　菩萨墩摩崖造像位于湖北省黄冈市黄梅县停前镇南冲村许垱墩中山寺内，东南边约3000米处为南冲村村委会。海拔181米。

　　造像开凿于明代，建在一天然形成的锥形巨大岩石上，岩石内腹凿有一个正方形石龛，高1.8、宽1.8、厚1.1米。龛内有一尊半身菩萨造像，面向东南，高1.63、宽1.7、厚0.4米，几乎占满整个石龛。其面额丰满，慈眉善目，双耳垂肩，其双肩处刻有螺旋纹图案，菩萨像雕刻精美，线条流畅，刻划逼真。石龛上方有高60、宽35厘米半圆形小洞，石龛与小洞之间岩壁上有刻痕，雕刻深度较

菩萨墩摩崖造像入口

菩萨墩摩崖造像

浅，因年代久远，受自然风化，现模糊不清。

菩萨墩摩崖造像构图精美完整，线条流畅，刻划逼真，整体画面显示了一定的雕刻水准，雕刻手法及纹饰具有明代风格，是黄梅县发现的比较典型的佛像雕像之一，其内容属佛教文化题材，对当地佛教文化的传播与变迁研究具有一定意义。第二次全国文物普查时发现，2000年4月28日，黄梅县人民政府将其公布为县级文物保护单位。

- ◆ 保护范围：以摩崖造像边缘为起点，向四周延伸5米。
- ◆ 建设控制地带：未划定。
- ◆ 保存状况：造像整体保存较好，石龛下方符文风化严重，无法辨认。石龛内壁及造像表面被人为涂漆，造成风貌破坏。依造像外建有现代寺庙。
- ◆ 保护管理：停前镇政府。
- ◆ 利用情况：未对外开放。
- ◆ 主要风险：风化（粉末状风化），生物病害（植物、微生物），自然灾害（滑坡、泥石流），其他风险（涂刷油漆、烟熏等人为破坏）。
- ◆ 保护建议：①开展考古学研究，进一步发掘其文化内涵。②根据摩崖造像面临的主要风险病害，实施有针对性的保护措施。③落实文物安全责任，加强日常安全检查，规范宗教活动，杜绝人为破坏。

朝阳洞石窟寺

朝阳洞石窟寺位于湖北省咸宁市崇阳县港口乡游家村诰轴山东部半山腰上。海拔244米。年平均气温16.8℃，年平均降水量1577.4毫米。地貌以山区丘陵为主。

朝阳洞为天然岩洞，坐西向东，洞口呈半圆形，因洞口向东而得此名。石窟开凿于清代。洞内有三重石室，后室窄小，深3.5、宽2、高1.5米。中室较宽敞，深9、宽7、高约5米，中室的两侧还各有一个约2米深的小耳室。中室顶部前端有暗泉，如檐溜淅沥，下以岩石凿制石盆盛之，盆内长年清水不竭。洞后壁置神案，上面供有一尊彩绘塑神像。中室前方有两个门洞与前室相通，前室深6、宽6.1、高6米，室内亦设有神案神像，神像上方岩壁上有石刻一处。在洞口两侧，各置立一方形石柱（有双层方形柱础），两柱顶端有一石梁横跨其间，另在两柱

朝阳洞石窟寺全景

朝阳洞石窟寺内景

顶部还各架一方木纵梁，纵梁的一端入洞内，成为阁楼的担梁；另一端伸出洞口，做成飞檐的挑梁。洞内已无原始造像。

朝阳洞石窟寺对于研究崇阳县清代古建筑具有较高的价值。洞内岩壁上新发现石刻，对修正《崇阳县志》具有参考意义。1986年，崇阳县人民政府将其公布为县级文物保护单位。

- ◆ 保护范围：文物主体面积800平方米，保护范围为主体向外延伸30米。
- ◆ 建设控制地带：保护范围向外延伸20米。
- ◆ 保存状况：洞窟形制整体保存较差，已无原始造像。洞口原顶式脊饰不明，现已被水泥平顶取代。前殿左侧外建有现代神殿一座。
- ◆ 保护管理：崇阳县博物馆。
- ◆ 利用情况：已开辟为宗教场所，无主要服务设施。
- ◆ 主要风险：洞窟岩体结构失稳（溶蚀），生物病害（植物根系）。
- ◆ 保护建议：①编制文物保护方案，开展风险病害治理工作，实施有针对性的保护措施。②落实文物安全责任，加强对宗教活动的监管，整治周边环境。③推动该石窟寺的保护与利用，将其纳入国家乡村振兴战略规划，完善展示利用及交通配套设施，促进全域旅游发展。

修月洞石窟寺

　　修月洞石窟寺位于湖北省咸宁市崇阳县港口乡油榨村分金林场东北面约700米老虎岩下。海拔535米。

　　修月洞系天然岩洞，坐北朝南，依地势而建，北靠老虎岩，南临分金林场树林。石窟开凿于清代。有1处石窟，呈半椭圆形，洞口宽20、进深14.5、高6.5米，系洞中有庙的结构形式。洞庙面阔二间，进门石大门门框上阳刻"修月洞"三个大字，左端门楣上阴刻"华山正宗十七宗金仁惠徒弟孙高义、江争，皇清道

修月洞石窟寺全景

修月洞石窟寺洞窟内景

光二十五年九月初七日立"。门口左右两边各有现代彩塑菩萨一尊。因年久失修、风雨侵蚀等自然原因及人为建设，石窟有所损毁。

修月洞石窟寺对于研究崇阳县清代宗教活动及庙宇建筑风格具有参考价值。1999年，崇阳县人民政府将其公布为县级文物保护单位。

- ◆ 保护范围：文物主体面积600平方米，保护范围为主体向外延伸30米。
- ◆ 建设控制地带：保护范围向外延伸20米。
- ◆ 保存状况：洞窟形制结构基本保存完整，无原始造像。洞前建有三间现代平房，左侧一间瓦房。
- ◆ 保护管理：崇阳县博物馆。
- ◆ 利用情况：原为宗教活动地，现因道路失修，暂时关闭，未开放。
- ◆ 主要风险：洞窟岩体结构失稳（岩体内结构面切割），水害（渗水），生物病害（植物）。
- ◆ 保护建议：①开展考古学研究，进一步发掘其文化内涵。②开展风险病害治理工作。③完善展示利用设施及周边环境，做好旅游开发中的文物保护。

宝陀岩石窟寺

　　宝陀岩石窟寺位于湖北省咸宁市崇阳县沙坪镇泉湖村岩头山南坡。海拔143米。

　　宝陀岩又称上岩洞，为一天然石灰岩洞，洞口向西，高3.8、宽7.3、进深23米，洞室呈"蒙古包"形，似"宝陀"而故名。石窟开凿于明代。有洞窟1处，洞中有庙。洞内现存一尊明代石雕观音坐莲佛像，高1.5、宽0.6米，雕凿精细，头戴佛帽，双肩宽厚，着通肩式袈裟，饰福田格，衣襞呈规整弧形对称状，结跏趺坐、禅定印，双手仰放于下腹前，右手置于左手上，两拇指指端相接，下身着僧裙，双腿盘坐，全身金色，容貌端庄。据《崇阳县志》记载，佛像背刻经文（现已模糊不清）所记，佛像雕刻于明弘治时期（1488～1505年），距今已有五百多年历史。

　　佛像右侧有一高2.26、宽1.6、厚0.19米的石碑，碑顶端横篆刻"宋丞相李公宝

宝陀岩石窟寺全景

宝陀岩石窟寺造像

翰"七个字，中部竖刻"建炎戊申六月初九银青光禄大夫陇西郡李纲自通城如崇阳中路宿岩头寺为目之曰宝陀岩，男宗之从行"，落款"乾隆乙未冬西史慧初重修"。石碑右侧有一不规则半圆形记事石碑，通体金色，碑上竖刻三百余个小字，其大意是记南宋建炎、绍兴时期，奸相秦桧专权，废宗泽、罢李纲、杀岳飞父子之事。

宝陀岩石窟寺对于研究崇阳县明清时期宗教活动及庙宇建筑风格具有参考价值，洞内雕像对于研究崇阳县石雕工艺提供了珍贵的实物资料，石碑对于研究南宋历史具有一定价值。1986年，崇阳县人民政府将其公布为县级文物保护单位。

- ◆ **保护范围：** 文物主体面积600平方米，保护范围为主体向外延伸30米。
- ◆ **建设控制地带：** 保护范围向外延伸20米。
- ◆ **保存状况：** 洞窟形制及造像基本保存完整，但造像被人为涂彩，造成原始风貌破坏。碑刻铭文清晰可认。窟前建有现代水泥门，洞口两侧各修两排墙体刷白的瓦房。
- ◆ **保护管理：** 崇阳县博物馆。
- ◆ **利用情况：** 原开辟为宗教活动场地，现因道路失修，暂时关闭，未开放。
- ◆ **主要风险：** 洞窟及造像表层风化（风化裂隙切割），生物病害（植物），其他风险（采石等人为破坏）。
- ◆ **保护建议：** ①开展考古学研究，进一步发掘其文化内涵。②编制文物保护方案，开展风险病害整治工作。③关闭采石场，确保文物安全。④完善展示利用设施及周边交通，促进文物合理利用。

鼓鸣洞石窟寺

　　鼓鸣洞石窟寺位于湖北省咸宁市通山县燕厦乡畅周村十四组岩下自然村南100米狮子岩下，北距鼓鸣寺20米，隔河距湖畔老街约1000米。海拔109米。年平均气温16.3℃，年平均降水量1500毫米。地貌为丘陵山地，植被茂密，树木苍翠。

　　石窟寺坐南朝北，依天然石灰岩溶洞而建，开凿于清代。有洞窟1处，窟外崖面较陡直，窟口下方约20米处较为平坦。洞口呈"S"形，西侧上部双线阴刻"鼓鸣洞"三字，宽1.45米，字高约0.5米。从洞口向南1米左右，洞厅呈圆形，穹隆顶，高约3米，顶部多处有钟乳石下垂。洞厅南壁下置石雕神龛一座，青石质地，通高2、宽1.2米。正方形屋脊式龛顶盖，檐下刻"别有洞天"，两侧柱身

鼓鸣洞石窟寺全景

鼓鸣洞石窟寺内神龛

各刻有对联一副："鼓击雷霆一洞春饶施化雨""鸣听鸳鸯满山瑞霭结慈云"，落款"道光戊申秋信士生员程锦云拜题"。

鼓鸣洞石窟寺为研究清代鄂东南地区清代佛教历史渊源提供了重要的实物资料，对当地佛教文化传播及民间信仰变迁研究起到了重要的作用。1988年，通山县人民政府将其公布为县级文物保护单位。

- ◆ 保护范围：未划定。
- ◆ 建设控制地带：未划定。
- ◆ 保存状况：洞窟形制基本保存完整，石雕神龛保存完好。窟前北侧现存有鼓鸣寺，东侧有一同时代开凿的蓄水池。
- ◆ 保护管理：燕厦乡综合文化站。
- ◆ 利用情况：未对外开放。
- ◆ 主要风险：洞窟岩体结构失稳（岩体内结构面切割），水害（面流水）。
- ◆ 保护建议：①开展考古学研究，进一步发掘其文化内涵。②开展病害治理工作及无（微）损检测技术研究。③完善文物保护"四有"基础工作，划定保护范围和建设控制地带，落实文物安全责任。

白云洞石窟

白云洞石窟位于湖北省武汉市武昌区石洞街道下川村白云洞景区内，地处八分山南麓。海拔38.6米。地处江汉平原与鄂东山地的过渡地带，丘陵地貌。年平均气温15.8～17.5℃，年平均降水量为1205毫米。

白云洞是一处贯穿山体的天然溶洞，相传昔日黄鹤飞离黄鹤楼后，曾在此栖息，并留下"白云黄鹤"之说，故名白云洞。据《江夏县志》记载，"白云洞又名石洞"，唐贞观年间，骆禅大师云游至八分山慈云寺，在八分山下"白云洞"建成一石窟寺，立有佛像一尊。从此"白云洞"石窟寺成为百姓祈福云雨、祈求五子登科之地。

白云洞全长约200米，呈东北至西南朝向，由前洞、无梁殿、中洞、天井、后洞五个部分组成，洞内现存石佛造像1座和明清时期摩崖石刻6处，形成风格独具的人文景观。洞口两旁原有一对武士石雕，是朱元璋驻兵于此攻打武昌后所建，现已不存。前洞北壁刻有"白云洞""无梁殿"六字，为明代兵部尚书、江夏人熊廷弼所书。东壁竖刻"两间磅礴，一个崆峒"两行楷书大字及"水流云在"四字。西壁竖刻"白云洞四通八达，无梁殿万古千秋"两行楷

白云洞石窟入口全景

白云洞石窟内造像

书，均由清光绪年间隐居在洞内的居士王菊人所题。前洞内右侧有两支洞，《江夏县志》称为凉洞和暖洞。现已更名为"勇夫洞"和"懦夫洞"。勇夫洞深不可见，而懦夫洞极浅。前洞后部是无梁殿，殿室借天然溶洞稍加斧凿而成，呈穹隆顶，因没有梁柱得名。高5、宽8、深6.5米，殿中立有一尊唐代石佛。中洞是一长形天然通道，长40余米，宽约5米。穿过中洞，即到天井。在天井西壁刻有"雷闪洞开"四字，系清朝湘军儒将罗泽南进攻武昌城时在此屯兵，惊叹大自然之鬼斧神工，欣然所题。后洞为白云洞出口处，有两个出口，一为北口，一为东口。出北口，豁然开朗青山叠翠。出东口，向上攀登可达八分山顶。

　　白云洞石窟历史沿革悠久，是武汉地区仅有的石窟寺文物类型，对研究武汉地区佛教历史具有重要意义。1983年4月，武汉市人民政府将其公布为市级文物保护单位。

◆ **保护范围：**根据《武汉市人民政府关于公布市第四批文物保护单位保护范围和建设控制地带的通知》（武政〔2002〕86号），保护范围面积约25700平方米，以白云洞两侧60米高程等高线为界。

◆ **建设控制地带：**面积约37700平方米，为保护范围外的景区内。

◆ **保存状况：**洞窟形制基本保存完整，局部岩体出现裂缝和错位。石佛造像局部有残损，佛头和莲花座为后人修补，佛身两侧下部用钢筋水泥加固。摩崖石刻保存较好。

◆ **保护管理：**文物保护由江夏区博物馆负责，日常维护管理工作由白云洞风景区负责。

◆ **利用情况：**石窟位于白云洞风景区内，供开放参观。

◆ **主要风险：**洞窟岩体结构失稳（岩体内结构面切割），水害（裂隙渗水、面流水），生物病害（植物）。

◆ **保护建议：**①开展考古学研究，进一步发掘其文化内涵，丰富历史资料。②开展风险病害治理工作。该处水源丰富，并已在洞内形成面流水，可采用注浆和封堵相结合的方式，防止水流通过裂隙对文物造成破坏。③编制文物保护方案，做好旅游开发中的文物保护，划定游客禁止涉入范围，加强文物保护宣传，防止乱涂乱画对文物本体造成破坏。

第四节
鄂中地区

　　鄂中地区石窟寺主要集中在荆州市、荆门市、孝感市，以天然溶洞开凿成石窟寺或在天然崖壁上雕刻摩崖造像，数量较少，规模不大。石窟内均无造像或已毁不存。摩崖造像造型简单，保存一般。年代以清代为主，个别早到宋代。文物保护级别普遍不高。

仙人洞石窟

　　仙人洞石窟位于湖北省荆州市松滋市陈店镇陈店村九组长江南岸峭壁上，北距牌坊口150米。海拔51米。地处松滋西北部低山区，周围植被茂盛。年平均气温14～16.9℃，年平均降水量1050～1300毫米。

　　《湖北省松滋县地名志》载："相传很久以前，有一江湖侠客汪连儿，在此凿洞为室，人们视其清高，呼为仙人，称此洞为仙人洞。"石窟开凿于清代，坐东朝西，西揽长江。石窟分上、下两层，共11窟，呈南北向一字形排列，底层距长江水面垂直高度约30米，地势十分险要。窟前仅有一条宽约0.4米、布满荆棘的小栈道直抵洞口，洞里摆设香案和供桌，供众信徒拜佛。

　　石窟下层从北至南共8窟，分别编号K1～K8，洞窟开凿不规整，洞口形状多为下方上圆，其中K1、K6、K7、K8洞口垮塌，部分被山石、泥沙掩埋。K5上楣用长23、宽16、厚3厘米的青砖浆砌，内里摆设香案和供桌，供信徒烧香拜佛。窟前早期建筑已毁，仅存K4、K5间用于支撑建筑的柱洞3个。K3东壁下凿有高20、宽20～40厘米摆放香烛的石台，上方凿有一高60、宽80、深40厘米的神龛，佛像

仙人洞石窟全景

仙人洞石窟洞窟局部

不存。K4东壁有一高90、宽40厘米的石台。K5东壁有高80、宽40厘米的石台，下方正中凿有高50、宽30厘米的碑状石龛，龛面刻字，因风化模糊不清。

石窟上层洞窟3个，距下层洞窟高约7米，南北向排列，面向西，分别编号为K9～K11。开凿较为规整，洞口形状下方上圆，其中K11洞口垮塌，局部被山石、泥沙掩埋。窟前北侧有长约21、宽1～7米的平台，可见散落的青砖、瓦片，为清代窟前建筑遗存。K9东壁有一高40、宽30、深9厘米的方形石龛，龛下刻正楷"天"字，字径0.15厘米×0.16厘米。龛的左右上方有圆形的浅凹，其下分别正楷"日"字和"月"字。

仙人洞石窟是荆州地区发现的唯一石窟寺类遗迹，对研究荆州地区清代佛教文化传播与变迁具有一定意义。第三次全国文物普查时发现，为未定级文物点。

◆ **保存状况**：洞窟形制整体保存较差，受山体滑坡、泥石流、洪涝等影响，部分洞窟洞口垮塌，被山石、泥沙掩埋。洞中佛像均已不存，部分窟内存有石台和石龛。局部窟前残留清代建筑遗存。

◆ **保护管理**：无。

◆ **利用情况**：未对外开放。

◆ **主要风险**：洞窟岩体结构失稳，风化（粉末状风化、开裂起翘及空鼓、风化裂隙切割、差异风化等），水害（面流水、裂隙渗水），生物病害（植物），自然灾害（山体滑坡、泥石流、洪涝等）。

◆ **保护建议**：①开展考古学研究，充分挖掘石窟文化内涵，全息记录石刻文物及相关遗迹信息，建立、健全基础档案信息。②实施有针对性的保护措施，编制文物保护方案，整治周边环境。③明确文物保护管理机构，开展日常检查巡查，确保文物安全。

华岩洞石窟

华岩洞石窟位于湖北省荆门市钟祥市客店镇杨岭村六组王家湾东100米。海拔196米。地处大洪山余脉，丘陵地带。年平均气温16.2℃，年平均降水量1100～1300毫米。

石窟开凿于清代，在南北走向的西侧崖壁的自然溶洞上凿刻而成，由北向南依次排列，共有洞窟9个，均为自然岩体溶洞，有6个溶洞经过人工开凿。北侧7个石窟与西侧平台地面基本持平，南侧2个石窟比北侧石窟低2米。从北向南依次编号为K1～K9。具体为：

K1、K2立面均为半圆形，直径2.3米，因洞口淤泥堵塞，内部结构不清。

K3立面为半圆形，平面呈不规则长条形，洞口壁钟乳石上雕刻壁龛三处，呈"n"形，高0.6、宽0.4米，无佛像。

K4立面为长方形，平面呈正方形，进深6、面宽6、高4.7米，窟顶呈弧形，且有裂痕一条。窟正壁上龛分两层，龛檐雕刻有云纹图案，保存较差，只有部分痕迹，龛内佛像全部毁坏。正壁及左右壁下面供台宽1、高1.7米，正壁供台饰有祥云彩绘，供台佛像均已破坏。

K5、K6、K7相连，立面呈方形，高4.2、宽3.2米。K5、K7有供台，高0.3、宽0.2米，窟壁供有现代佛画像、香炉等。

华岩洞石窟全景

K8立面呈半圆形，直径5.7米，平面为长条形，无佛龛及佛像。

K9摩崖面呈"n"形，高2、宽1.5米，离地面高2.7米。平面呈长方形，长1.5、宽0.6米。无佛像。在山崖北侧单独存在。

华岩洞石窟局部

石窟范围内残存三块青石碑刻，K4南侧树立一块清代嘉庆二十二年的"大广德阴"碑，东南平地处树立一块清代"重修华岩寺"碑刻。K8洞内遗留石磨半块，残碑一块，碑高1.1、宽0.68、厚0.2米。阴刻楷书，碑刻已断为3块。

石窟西部有一块平地，长50、宽35米左右，该地遗留有石质建筑痕迹，K4内遗留有柱础及建筑构件。

华岩洞石窟为荆门地区唯一一座石窟寺遗存，对当地佛教文化传播及民间信仰变迁研究有重要作用。1994年6月，钟祥市人民政府将其公布为县级文物保护单位。

◆ **保护范围：**根据钟祥市人民政府《关于公布钟祥市第一批重点文物保护单位的通知》（钟政发〔1994〕44号），保护面积约5000平方米。

◆ **建设控制地带：**面积约10000平方米。

◆ **保存状况：**洞窟形制结构基本保存完好。窟内造像均已毁。窟外残存部分青石碑刻。K4窟内残存彩绘云纹残片，洞口残留青石柱础等原寺庙建筑构件，外建有现代钢构雨棚。

◆ **保护管理：**钟祥市文物事业发展中心。

◆ **利用情况：**未对外开放。

◆ **主要风险：**洞窟岩体结构失稳（裂缝水压力），风化（粉末状风化），水害（裂隙渗水），生物病害（植物），自然灾害（泥石流），其他风险（人为破坏）。

◆ **保护建议：**①编制文物保护方案，开展风险病害治理。②开展数字化保护工作，采集相关文物信息。③完善文物保护"四有"工作，落实日常文物安全检查，整治周边环境，加强对祭祀行为监管，确保文物安全。

观音岩摩崖造像

观音岩摩崖造像位于湖北省孝感市大悟县夏店镇石咀村西南2500米的观音岩顶部，此处为芳畈和夏店的分界线。海拔605.4米。地处大别山南麓的低山丘陵地带，植被茂盛。年平均气温14.9～15.7℃，年平均降水量1115毫米。

造像开凿于南宋，雕刻在自然山石的西边，坐东面西。山石南侧有送子观音像和妇人像两尊摩崖造像。送子观音像位于山石上部高0.66、宽0.53米的拱形浅龛内，像高0.6、宽0.5米，头部带冠，手中孩童受风化影响已剥离不存。送子观音像左下方为妇人像，妇人身穿披帛，脚踩莲花，双手合十诚心求子，像高0.69、宽0.32米。此外，造像北侧有一处题记，阴刻楷书，文字距地高0.6米，整体幅面宽1、高0.95米，单字宽0.13、高0.13米，整体面积约0.95平方米。题记从右往左阴刻竖排四行楷书"嘉定乙酉岁　大悟山观院　迁第僧普真　造像"，右边三行每行5字，左边一行2字，共17字。

该造像是一段特殊历史的反映，证明了南宋时期大悟山的人类活动，为研究当地的宗教文化、民间信仰、雕刻技法等方面提供了历史资料。2011年11月20日，大悟县人民政府将其公布为县级文物保护单位。

- ◆ 保护范围：未划定。
- ◆ 建设控制地带：未划定。
- ◆ 保存状况：摩崖造像形制结构基本保存完整，但部分风化严重。题记保存较好。
- ◆ 保护管理：大悟县文物事业管理局。
- ◆ 利用情况：未开放参观。
- ◆ 主要风险：岩体结构失稳（岩体内结构面切割），风化（差异风化），其他风险（刻划、涂抹油漆等人为破坏）。
- ◆ 保护建议：①开展考古学研究，弄清与造像东北部直线距离仅约500米的罗汉桥石刻等周边遗存的相互关系。充分挖掘造像文化内涵，为开展合理利用提供学术支撑。②编制文物保护方案，治理风险病害，整治周边环境。③开展数字化保护工作，采集相关文物信息。④完善文物保护"四有"工作，划定保护范围和建设控制地带，建立文物安全长效机制。

观音岩摩崖造像

观音庙摩崖造像

　　观音庙摩崖造像位于湖北省孝感市大悟县三里城镇舒山村村委会以西约80米的三华线南侧约10米。海拔259.6米。

　　造像开凿于清代，雕刻于一高1.65、宽2.4米的不规则山石的东侧立面，为送子观音像一尊，采用线刻结合浅浮雕的技法成像，头戴巾帼，头部有两圈圆形头光（又称圆光或项光），盘腿坐于莲花台上，双手合拢于腹部抱一婴幼儿，寓意多子多福。观音像通高1.22米，底部莲座最宽0.73米。周边未发现其他造像及附属建筑。

　　观音庙摩崖造像为研究当地的宗教文化、民间信仰、雕刻技法等方面提供了参考价值。2009年4月，第三次全国文物普查时将其列为新发现文物点。

观音庙摩崖造像全景

观音庙摩崖造像
——观音像

- ◆ **保存状况**：造像整体保存较差，模糊不清，仅能辨认大致轮廓。
- ◆ **保护管理**：大悟县文物事业管理局。
- ◆ **利用情况**：未对外开放。
- ◆ **主要风险**：岩体结构失稳（岩体内结构面切割），风化（粉末状风化、风化裂隙切割），生物病害（植物、微生物），自然灾害（洪涝）。
- ◆ **保护建议**：①开展考古学研究，弄清观音庙摩崖造像与原观音庙及其他观音像等周边遗存的关系，明确观音庙遗址的具体位置及范围，充分挖掘摩崖造像文化内涵，为开展合理利用提供学术支撑。②根据摩崖造像面临的主要风险病害，实施有针对性的科技保护措施，编制保护方案，整治周边环境。③开展数字化保护工作。④建立文物安全长效机制，落实文物安全责任。

第三章

湖北石窟寺保护利用

第一节
主要工作

　　石窟寺的保护利用工作，事关中华优秀传统文化传承发展，事关社会主义文化强国建设，事关高质量共建"一带一路"和促进文明交流互鉴，具有重大意义。党的十八大以来，湖北各级党委、政府及相关管理部门高度重视包括石窟寺在内的文物保护利用工作，深入学习习近平总书记关于文物工作重要指示批示精神，坚决贯彻党中央、国务院决策部署，坚持保护第一，加强合理利用，在制度建设、日常管理、文保工程和拓展利用等方面加强顶层设计，统筹协调推进各项工作，取得了明显成效。

（一）狠抓文物保护基础，强化日常安全管理，为文物安全提供法治保障

抓好文物保护基础工作。贯彻落实《文物保护法》有关要求，全面推进文物保护"四有"工作。2015年、2017年，省政府先后分两次公布了全省省级以上文物保护单位的保护范围和建设控制地带。部分地方政府依法公布了县（市）级文物保护单位的保护范围和建设控制地带，有的地方正在积极开展此项工作。其他文物保护"四有"工作也在不断健全与完善。有序推进文物保护规划编制工作，仙佛寺石窟等文物保护专项规划公布并逐步实施，部分石窟寺保护规划正在编制中。

以法治力量构筑保护屏障。近年来，省级层面相继出台有关文物保护政策与文件。从2014年始，文物安全保护综治考核纳入对市州目标考核重要内容。2016年，省政府印发《关于进一步加强文物工作的实施意见》。2017年，省政府以第397号令公布全国首个专门针对文物安全的省级规章《湖北省文物安全管理办法》。2018年，省政府办公厅印发《关于建立湖北省文物安全工作联席会议制度的通知》，建立由省政府分管副省长担任召集人、省直相关部门为成员单位的全省文物安全工作联席会议。一系列顶层设计，对解决各级政府落实主体责任、相关部门监管责任、文物管理使用者直接责任、加强文物执法力量、健全安全管理措施、完善法律制度和问责追责等突出问题，提供了重要遵循。

落实日常安全管理。近年来，全省推行文物保护单位安全保护"一处一策"工作制度，实行文物博物馆单位文物安全直接责任人公告公示制度，严格落实日常管理制度。组织开展全省文物安全状况大排查、消防安全大检查，消除安全隐患。各级文物部门定期或不定期对石窟寺的环境、病害、安全等进行巡查，对影响石窟寺本体及环境安全因素进行重点检查，并巡查防盗、防火、防水等情况；对正在运行的有关照明、消防以及各类监控设备进行常规检查和维护，确保设施设备稳定运行，及时发现和处置有关风险和隐患。文物、公安等部门多次联合开展打击文物犯罪专项行动，有力震慑文物犯罪行为，确保文物安全。

（二）推进文物保护工程，加强日常维护保养，消除文物本体隐患

全省文物部门认真贯彻"抢救性保护转向抢救性保护与预防性保护并重"的工作方针，积极争取专项资金，有序开展各项工作。针对石窟寺普遍存在的地质结构失稳、生物病害、水害、风化以及人为因素干扰造成石窟寺损害等问题，各地石窟寺主管部门积极采取应对措施，对风险病害进行处理和整治，针对不同的灾害类型，实施专项文物保护工作，消除文物安全隐患。近年来，全省先后组织实施了全国重点文物保护单位仙佛寺石窟的安防工程、危岩体抢险加固工程（一期）、

文物保护窟檐建设工程，以及省级文物保护单位宝堂寺保护性设施建设工程等文物保护项目。仙佛寺石窟的危岩体抢险加固工程（二期）也即将进入施工阶段。此外，积极开展日常性保护工作，如加固边坡岩石、清除杂草杂物、整治周边环境等。截至"十三五"末期，全省石窟寺无重大违法案件和安全事故发生。

（三）开展全省石窟寺专项调查，全面摸清湖北石窟寺文物资源家底，为做好石窟寺保护利用工作打下坚实基础

为全面掌握湖北石窟寺文物资源情况，按照国家文物局的统一部署，并结合湖北实际，从2020年11月至2021年4月，湖北省文物部门精心组织开展了石窟寺专项调查工作。对历次文物普查已登记的石窟寺不可移动文物逐一进行了复查，也调查、登录新发现的石窟寺不可移动文物。经调查，新发现多处石窟寺。

此次专项调查不同于以往的文物普查，时间紧、任务重、要求更高，而且面临新冠肺炎疫情和冬季雨雪天气等不利因素影响。全省统筹组织协调，合理安排部署，组建精干队伍，创新调查手段，采取有效措施，克服种种困难，确保安全无事故，圆满完成了任务。经过专项调查，获得了第一手宝贵资料，掌握了全省石窟寺基本情况、保存状况、主要风险、保护管理及安全防范等情况，建立起全省石窟寺基础数据库，编制了全省石窟寺文物名录；形成了调查工作报告，对石窟寺保护利用提出对策和措施建议。历时半年的专项调查，成果丰硕，为全省石窟寺保护利用打下了坚实基础，有利于针对性地开展后续工作。

（四）加强文物合理适度利用，提升文物资源品牌，促进文物旅游融合发展

湖北石窟寺文物，因其蕴含的历史、艺术、科学和文化价值，以及宗教影响力，越来越受到人们的关注。部分重要石窟寺成为城市文化地标和网红打卡点，被游客列为旅游重要向往地和目的地。

湖北大力拓展石窟寺文物利用工作。对保存条件较好、配套设施完善的石窟寺，在确保文物安全前提下，率先正式对外开放。例如，来凤县仙佛寺、武汉市白云洞、房县宝堂寺和观音洞等石窟寺所在地，依托其丰富的文物资源成立旅游风景区，实现社会效益与经济效益"双赢"，文物也成为知名品牌。有的石窟寺尽管没有正式对外开放，但因文物价值突出，或处于旅游风景区内，呈自然开放状态，吸引不少游客前来游玩，有力地促进了文物与旅游的跨界融合，助推地方经济社会发展，提升了当地的知名度。在偏远山区，文物保护利用与改善人居环境、培育特色产业有机结合。将石窟寺资源作为乡村文化遗产，纳入国家乡村振兴战略规划，赋能全面小康和美丽乡村新发展。

第二节
存在问题

　　湖北石窟寺是珍贵的历史文化瑰宝，是荆楚文化的重要组成部分。近年来，全省文物部门大力加强文化遗产保护利用和传承发展，积极开展石窟寺抢救保护、考古研究、展示利用等工作，取得了一定成效，但也面临一些突出的共性问题，如石窟寺文物安全风险高，容易受地质灾害、生物病害影响和人为破坏；保护基础薄弱，石窟寺保护管理机构和相关专业人员不足，文物安全防护设施缺乏；应对岩体结构失稳、风化、渗水等风险病害的关键保护技术尚未突破；系统考古研究不足，价值发掘阐释和展示利用水平不高等。主要表现在以下方面。

（一）保护基础薄弱，石窟寺保护管理机构和相关专业人员不足

文物保护"四有"工作滞后。石窟寺文物的"四有"工作中，除记录档案比较齐备外，其他有待进一步完善。①全省大部分石窟寺文物由于保护级别较低，尚未划定公布保护范围与建设控制地带。除全国重点文物保护单位、省级文物保护单位的保护范围、建设控制地带基本划定并报请省政府公布实施外，县（市）级文物保护单位"两线"尚未全面完成划定公布工作。②全省119处石窟寺（含摩崖造像），其中90处共设有26个保护管理机构，部分石窟寺文物点未明确专门的保护管理机构或者专人负责管理，占比24%。全省管理人员不到300人，基层保护管理机构各项业务任务繁重，人员严重不足，导致难以有效聚焦石窟寺保护与管理工作。③占比64%的尚未公布为文物保护单位的文物点没有设置文物保护标志。

队伍建设薄弱。全省石窟寺保护队伍建制不完备，技术力量薄弱。全国重点文物保护单位、省级文物保护单位尚未设置专业的石窟寺保护队伍。全省保护管理机构中专业技术人员不足100人，且多为初级职称以下人员。基层文物部门人员编制不足，专业技术人员匮乏，无法满足石窟寺保护工作的需要。各基层文物保护队伍中基本没有石窟寺保护方面的专业人才，在石窟寺保护工作的实际操作中常面临被动局面。全省石窟寺考古专业研究人才严重缺乏，基础研究比较滞后。

石窟寺保护专业人才偏少，解决实际问题能力不足。各基层保护队伍中专业技术人员多是从事考古发掘、博物馆陈列、文物保管保护等方面工作，缺乏专门石窟寺保护研究方向的人才。多处石窟寺常年暴露在野外而没有专门的保护队伍对其进行保护和修缮工作，往往仅安排少量文物保护员负责日常巡查工作，不能从根本上解决文物遇到的各种结构失稳、风化、水害、生物病害等风险。即使发现石窟寺存在病害，也不能及时提出有效的可行性处理意见，在石窟寺日常保护工作中面临束手无策的局面。

石窟寺保护队伍建设年轻人才缺乏，新技术应用不广。石窟寺保护是一项系统性、综合性工程，涉及考古、艺术、地质、材料、建筑等多学科，其实际保护工作中应加强多学科的合作，重视多学科手段在保护工作中的应用，联合攻关保护工作中遇到的各种问题。调查表明，基层文物保护单位年龄偏大的专业技术人员占比较重，接受新技术保护理念较慢，操作石窟寺数字化系统困难，对以数字化技术为代表的现代科技手段在石窟寺考古中的运用不足。石窟寺保护工作中新生力量出现断层。

文物保护规划编制与保护工程开展较少。全省目前已编制完成文物保护规划

方案的石窟寺较少，其中以来凤仙佛寺石窟保护规划方案较为完备，另有几处石窟寺正在编制专项规划中。全省石窟寺文物保护工程进展缓慢，实施项目不多，主要以文物本体保护、预防性保护和防灾减灾为主。2014年以来，全省先后组织实施了仙佛寺石窟安防工程、危岩体抢险加固工程（一期）、文物保护窟檐建设工程和宝堂寺石窟保护性设施建设工程等少数文物保护项目。限于保护资金来源、地方人力财力等因素，市县级、未定级文物等低级别石窟寺文物保护工程较为欠缺。

（二）文物本体安全风险高，容易受地质灾害、生物病害影响和人为破坏等影响

截至"十三五"末期，全省未发生与石窟寺相关的重大自然灾害、文物安全事故及违法案件，但绝大多数石窟寺存在气候、地质灾害、生物病害等自然因素造成的主要风险。其中，洞窟岩体结构失稳占52.1%，岩体表层风化占62.2%，生物病害占61.3%，水害占38.7%。还有明火焚香烧纸、涂饰现代彩绘以及不当修复造像、炸山采石等人为活动带来的风险。此外，全省半数以上的石窟寺未设立安全保卫机构，有些既无安全保卫人员又无文物保护员，均处于自然存在状态。绝大部分石窟寺安全防护设施不完善，尚未建设必要的安防、消防和防雷系统。文物安全责任不落实，日常管理不到位，存在被盗、火灾等安全隐患。由于大多数石窟寺年代久远，常年暴露在野外，生存环境较差，石窟寺自身处于逐渐老化过程中，文物本体安全形势不容乐观。

（三）应对岩体风化、结构失稳、渗水等病害的关键保护技术应用不足

对全省119处石窟寺（含摩崖造像）的风险病害情况进行调查统计，其中风化74处、结构失稳62处、水害46处。除少部分石窟寺进行了水害治理、危岩体抢险加固等工程外，绝大部分处于自然状态，未进行有效的科学保护。对石窟寺抢险加固和治水工程的灌浆材料、本体修复及黏接加固的修复材料和防酸雨、防风化封护加固材料等应用不广。对石窟寺病害检测、岩体稳定性评估、壁画和石刻保护修复新材料、无人智能监控等关键技术攻关，以及加强岩性地质特征、水害治理技术、壁画制作工艺和各类病害发育机制等基础研究，尚处于空白。全省石窟寺保护科学技术体系薄弱，关键保护技术应用不足。

（四）系统考古研究不足，文物价值发掘阐释的深度与广度不够

目前，湖北石窟寺基础数据库建设、保存状况评估和保护技术研究等刚刚起步。全省石窟寺基础研究体系框架尚未建立，石窟寺系统考古进展缓慢。没有形

成多学科合作研究模式，缺乏人文社会科学和自然科学研究力量，没有稳定的石窟寺学术科研队伍，石窟寺考古力量不足，考古调查欠缺，考古成果偏少，与湖北考古大省地位不匹配。文物数字化保护尚未开展，相关数据采集、加工、存储、管理等工作亟须跟进。全省石窟寺发展脉络尚不清楚，部分石窟寺的年代性质、历史信息等尚不明确，一些价值重大的关键性石窟寺开凿年代等也存在争议，佛教石窟艺术的传入路径以及在湖北的发展图景尚不清晰等，制约了全省石窟寺文物价值的深入挖掘与阐释。

（五）展示利用水平不高，文物旅游融合发展手段与形式单一

受诸多因素影响，湖北石窟寺普遍存在文物利用不足的问题。119处石窟寺文物中，仅少部分实现对外开放利用，如来凤县仙佛寺石窟、房县宝堂寺石窟、武汉市白云洞石窟、利川市王母城石窟等14处，占比不到12%。目前，湖北石窟寺利用方式主要是作为旅游景区供参观游览，部分是作为宗教活动场所使用。形式与手段都比较单一，没有精品陈列展览、文创产品等展示模式，综合展示水平不高。归属文物部门管理的石窟寺中，国保单位老君岩石窟虽位于武当山国家5A级旅游景区，但文物所处位置较为偏僻，交通、展示配套不足，暂不具备展示开放的条件。省保单位及以下石窟寺多处于自然闲置状态。造成石窟寺未开放利用的主要原因有：一是大多数石窟寺处于高山峡谷的崖壁或者偏远地区，远离城市和村镇，道路环境较差；二是大多数石窟寺分布范围小、开凿规模不大，保存状况欠佳，石窟和造像的内容单一，旅游观赏价值不高，对社会缺乏广泛影响力与吸引力；三是社会对石窟寺的关注和研究不足，对其文化内涵和艺术价值认识不足，与此相关的石窟寺遗产展示和宣传也不够；四是缺乏开放所需的公共服务设施及相关管理等条件，无法为充分展示利用提供有力支撑。

第三节
对策与建议

  石窟寺是我国文化遗产的重要组成部分，是文明长河中的璀璨明珠。由于大多数石窟寺位于偏远山区，人迹罕至，受文物特性、自然条件以及风险病害等影响，保护管理难度较大。为切实加强新时代石窟寺保护利用工作，2020年11月，国务院办公厅印发《关于加强石窟寺保护利用工作的指导意见》，为当前和未来我国石窟寺保护利用工作指明了方向、提供了遵循。目前，湖北石窟寺保护工作处于起步阶段，短板较多，任务艰巨，要坚持围绕基础研究、抢救性保护、制度建设、展示利用、人才队伍建设、社会参与等方面，加大工作力度。

（一）全面梳理调查资料，扎实推进基础工作

建立文物基础数据库。充分利用石窟寺专项调查成果，系统整理每处石窟寺的基本情况、保存状况、主要风险、保护管理及安全防范情况等调查资料，连同已有的历史档案，一并进行登记造册。在此基础上，研究总结湖北石窟寺环境景观、整体布局、功能结构、宗教信仰、艺术特征、传播路线等数据资料，建立完善全省石窟寺基础数据库，实现资源共享，为规范化、制度化管理和提高保护利用的整体水平奠定基础。

推进文物保护"四有"工作。全面落实《文物保护法》所规定的有"保护范围、标志说明、记录档案、专门机构或专人负责"的要求，推动各地各部门依法依规尽快完善相关工作，确保每处石窟寺的范围明确、档案完备、标志清晰、有人管理。尚未设立石窟寺保护管理机构的文物点应尽快明确专门机构或专人负责管理，或者纳入属地文物主管部门或相关职能部门监管。特别是省级以上文物保护单位要尽快完成"四有"工作，除配置现有的保护管理机构外，还应尽快建设专门针对石窟寺文物保护工作的队伍。

加强数字化保护工作。近年来数字化技术逐渐应用到文物保护领域中，成为重要的文物保护手段。对于石窟寺文物，数字化技术可在不损伤文物的前提下通过激光扫描等手段采集数据，构建起文物的三维模型，为文物建立可永久保存的三维数字模型档案，为文物保护修复提供详细真实的数据。通过数字化保护技术，能有效保存石窟寺文物各项相关重要数据，在现有文物保护手段不足以完全防止文物遭受病害破坏的情况下，保存各项重要数据能为未来文物保护工作打下坚实的基础。

（二）编制文物保护规划，实施文物保护工程

编制全省石窟寺文物保护规划。在认真梳理专项调查成果的基础上，结合有关工作要求，研究编制全省石窟寺保护利用专项规划，制定全省石窟寺考古中长期规划，并纳入全省文物事业发展"十四五"规划、纳入国土空间规划，统筹谋划全省石窟寺保护利用的主要思路、重要任务和重大举措，实现省级规划引领、上下协同推进的全省石窟寺发展战略。

实施石窟寺文物保护工程。一是开展抢救性保护，通过支护、锚固等现状加固措施，消除或减少文物安全险情。针对条件较差的石窟寺，增设保护围栏围墙、界碑界桩等，修建日常养护巡查步道等基础设施，提升保护基础设施条件。二是对重要石窟寺实施保护示范工程，强化预防性保护和研究性修缮理念，保护工程应在研究、科技等方面形成示范带动效应。三是完善石窟寺安全防护设施，

加强石窟寺安全防护设施和文物安全监管平台建设，完善人防、物防和技防设施，提升石窟寺安全防范能力和水平。强化安全责任落实，推动实施石窟寺安全直接责任人公告公示制度。

推进石窟寺日常养护常态化。遵循"最小干预""不改变文物原状"等基本原则，实现"原材料、原工艺、原形制、原做法""真实、全面地保存并延续其历史信息及全部价值"等保护理念，坚持抢救性保护转向抢救性保护与预防性保护并重的工作方针，开展保护技术基础研究，加强日常养护和监测，定期开展文物保存状况评估，建立全省石窟寺文物健康档案。推动将重要石窟寺安全防范纳入全省自然灾害综合风险体系。

（三）加强制度顶层设计，加大政策扶助力度

在现有的国家文物保护法律、法规和条例的基础上，根据已有的石窟寺保存、保护和利用成果的现状，加强有关成果的调查、分析和研究，贯彻落实石窟寺文物预防性保护的思想，进一步充实和完善有关石窟寺类文物的保护内容，制定和出台有关石窟寺类文物保护的专项规划、技术规范与操作规程，修订和完善文物防护类工程实施的内容、办法和实施细则，促进石窟寺文物保护工作的规范化和标准化。

积极采取稳健有效的政策和措施，持续增加对石窟寺文物保护资金的投入。加大中央专项资金争取力度。在省级层面，建立、加强和保障省级财政对石窟寺文物保护的专项预算资金投入。在地方各级政府方面，鼓励投入相应的专项配套保护资金，有效实施和开展石窟寺文物保护规划和工程建设工作，着力保障和提高基层文物保护人员的工作和福利待遇。在企业和各级民间社会组织层面，通过运用减免税费、优惠融资等政策性财税金融工具，吸纳社会资金，增加保护经费；鼓励各类社会人士设立公益性基金和投入捐赠性资金开拓新的保护资金来源渠道，从而培育和形成全社会、全方位开展文物保护工作的良好氛围，实现石窟寺文物保护工作有法可依、依规可行、全员参与、成果转化和综合保障的系统性保护效能。

（四）挖掘保护利用潜能，提升综合展示水平

加强系统规划。调动国家和社会各方面的力量，联合宣传、民宗、文旅、科技、教育、国土等行业管理部门，积极调查研究，因地制宜，统筹规划，综合施策，充分发掘、整合和利用现有的优质自然景观和各类物质与非物质文化资源，合理开展石窟寺的展示与利用工作，有序建设和完善石窟寺的展示和宣传教育设施，有条件的可以实施包括石窟寺等文化资源在内的国家考古遗址公园和国家地

质公园建设，扩大湖北石窟寺的知名度。由于部分石窟寺仍是许多信众开展民间宗教活动的场所，可依托石窟寺适度组织开展和引导文明健康的宗教活动，既有助于广大信众了解国家宗教政策，又可帮助信众建立新时代宗教观，并提高文物保护意识。

促进跨界融合。深入研究和宣传湖北石窟寺历史文化资源，实现文物旅游深度融合，助推地方经济发展。可以在石窟寺分布相对密集的区域，建设主题鲜明的地方文化遗产线路、历史风情长廊，形成具有艺术感染力、文化魅力和有影响力的地方文化地标和旅游目的地，打造文化旅游品牌。让游客在休闲玩乐中，不但能欣赏山奇水秀的旖旎风光，还能享受陶冶性情的文化盛宴。例如，麻城市龟峰山风景区有方姑洞、狮子涎、什子河等石窟寺文物点，可以依托风景区进行整体开发利用；徐家园石窟可以全国重点文物保护单位柏子塔为中心，连接唐王洞石窟等，形成佛教文化遗址、遗迹群，合理开放与利用。加大旅游项目推介活动，组织石窟寺研讨会和艺术沙龙，编印相关石窟寺专集。由于部分石窟寺附有优美动人的民间传说，可深入挖掘文物背后的故事，并与当地的风土人情相结合，让石窟寺"活起来"，焕发出独特的人文价值和旅游价值。

打造石窟寺精品陈列展览和文创产品。完善已开放石窟寺的展示标识解说系统、游客服务设施等，鼓励有条件的石窟寺建设遗址博物馆。利用融媒体平台、大数据、数字化等高科技手段提高展示质量与水平，推动形成联合办展、巡回展览、云展览等线上线下相融合的石窟寺展示模式。加强对讲解员、导游的职业技能考核和上岗培训，提升石窟寺讲解服务质量。积极开展与石窟寺文物相关的文化创意产品和服务，让游客把记忆带回家，实现社会效益与经济效益相统一。

深入挖掘文物资源的精神内涵。发挥石窟寺在铸魂育人等方面的独特优势，利用学校教育的资源优势，建设优质的石窟寺文化教育平台和教材，以推崇学术性和趣味性为根本，在学校、文物保护区、博物馆、社区及网络平台等单位和机构开展丰富多彩的石窟寺文化教育活动，让社会大众能深切感受和体会到石窟寺的文化魅力，不断增强民族自豪感，有力推动文物资源成为坚定文化自信的力量源泉，从而实现石窟寺文物保护成果的技术与文化转化，充分发挥石窟寺保护利用的综合社会效能。

（五）加强人才队伍培养，动员社会力量参与

加强多学科合作，构建复合型石窟寺保护学术科研队伍，推进新技术的应用。依托省文物考古研究院、武汉大学、湖北大学、省社会科学院等文博单位、科研院所，整合人文社会科学和自然科学研究力量，推动考古学、历史学、宗教史、艺术史、科技史、建筑史、语言学等多学科、跨专业合作，形成多学科合作

研究模式，探索建立湖北石窟寺考古学研究体系。建设稳定的石窟寺学术科研队伍，培育较高水平的省级专家团队，形成湖北力量。推进GIS地理信息系统、全站仪、RTK、无人机航测、激光扫描和摄影测量三维数字化技术等现代科技应用，提升保护科技水平，促进文物保护事业的高质量发展。

重视人才队伍建设，加快石窟寺保护专业技术人员的培养工作。盘活人力资源存量，依托石窟寺考古项目、报告出版项目开展石窟寺文博人员培训，通过定期轮训、在岗实训等措施提高石窟寺管理机构专业人才的技术技能。设立文博职业技术基地，形成保护技术人才的职业培养模式。完善人才教育培养体系，积极激励在职人员攻读相关方向的专业硕士研究生。通过省级文物主管部门开展石窟寺保护工作培训班等方式，培养锻炼一批石窟寺保护专业技术人才。落实文物考古职工野外工作津贴，调动石窟寺田野考古积极性。

研究出台相关政策文件，建立以各级政府和有关企事业单位为主导力量、社会参与的石窟寺保护体系，积极鼓励社会各级组织、民间机构和各界文物保护人士充分参与石窟寺文物保护工作，探索社会购买服务方式解决考古勘探、测量、绘图、数字化等技术人员不足问题，多渠道壮大石窟寺文物保护队伍。统筹考虑和协调各方力量和优势，编制和实施文物科技保护振兴计划，发挥综合保护效能，使全社会都参与到石窟寺文物保护工作中来。例如，鼓励高等学校和科研单位参与政策制定、科学研究与人才培养工作；采取奖励性举措吸引企业、社会组织（包括公益性组织）和人士投入人才、技术资源参与石窟寺的保护工作等。

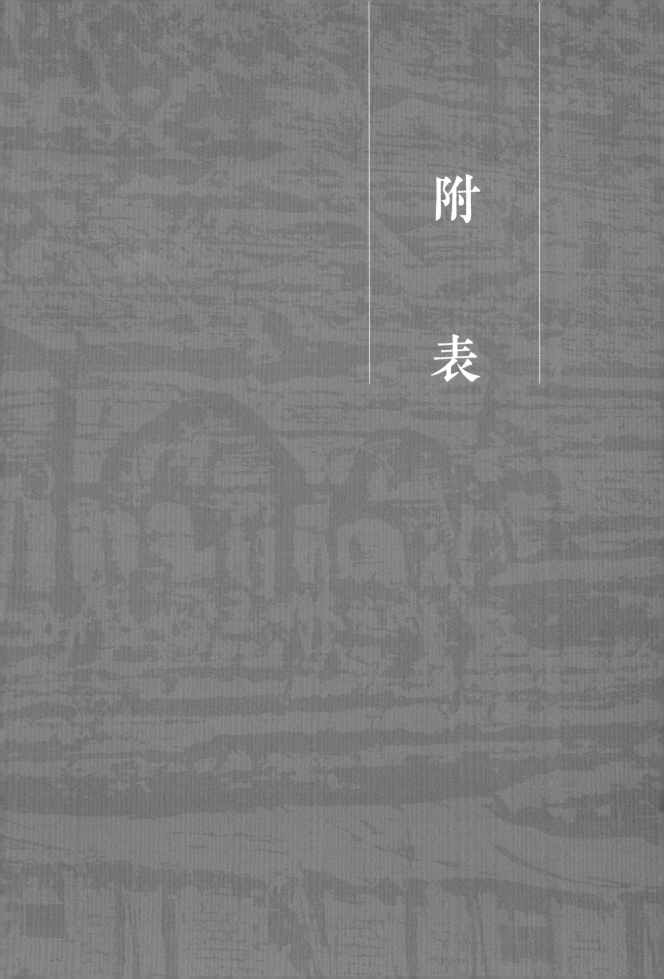

附表

附表一　湖北省石窟寺（含摩崖造像）统计表

序号	市州	县（市、区）	名称	年代	窟／处	龛／个	造像／尊	壁画／幅	题记、碑刻等／处	宗教属性
1	武汉市	武昌区	白云洞石窟	唐代、明代、清代	1		1		6	佛教
2		郧阳区	观音洞石窟	清代	2	1	2			佛教
3			罗汉洞石窟	清代	4		2			佛教
4			千佛洞石窟	清代	1		20		4	佛教
5			白龙洞石窟	明代、清代	1		7			佛教
6		郧西县	安家老爷洞石窟	清代	1		4			佛教
7			佛爷洞石窟	清代	1					佛教
8			罗汉寨石窟	明代	3		11		1	佛教
9			徐家湾佛洞石窟	明代	1		2			佛教
10			佛洞石窟	明代	1		5			佛教
11			佛爷洞石窟	明代	1				3	佛教
12			白鹤岩石窟	明代	2	1				佛教
13	十堰市		惠家河佛洞石窟	清代	1				7	佛教
14			双掌佛洞石窟	明代	1	1				佛教
15			上津佛爷庙石窟	唐代	3					佛教
16			树撑岩老龙洞石窟	清代	1					佛道教兼合
17			罗汉洞石窟	清代	1		6		1	佛教
18			马家沟佛洞石窟	明代	4	3			1	佛教
19			小河口石窟	明代	1		31		2	佛教
20			羊耳洞石窟	明代	2		6	1	13	佛教
21		丹江口市	观音庙石窟	唐代	1					佛教
22			千佛洞石窟	明代	1					佛教
23			张三丰石窟	元代	1	1	1		1	道教
24			石窟庙石窟	清代	2	2				佛教
25			观音岩石窟	不详	1					佛教
26			红花岩石窟	不详	1				1	道教
27			罗汉洞石窟	明代	1	8	13	3	1	三教合一

序号	市州	县（市、区）	名称	年代	窟/处	龛/个	造像/尊	壁画/幅	题记、碑刻等/处	宗教属性
28	十堰市	丹江口市	铁炉石窟	清代	1					佛教
29		房县	宝堂寺石窟	明代	2		3		2	其他
30			观音洞石窟	清代	2				1	佛道教兼合
31			桃园石窟	明代	2			1		道教
32			老母殿石窟寺	清代	3		20		2	道教
33			岩屋寺石窟	明代	1		3			佛教
34			窑场佛洞石窟	明代	3	1				佛教
35			塘溪佛洞石窟	清代	2					佛教
36			朝阳观石窟寺	清代	3				10	佛教
37			佛爷庙石窟	清代	1		1		1	佛教
38			三元千佛洞石窟	清代	2	1			2	佛教
39			门凳岩石窟	清代	1	1			2	佛教
40			娘娘庙石窟	清代	1				1	佛教
41		竹山县	三官庙石窟	清代	1					佛教
42			沧浪山五佛洞石窟	明代	1				2	佛教
43			龙头包佛爷洞石窟	清代	1				1	佛教
44		武当山旅游经济特区	太玄洞石窟	明代	1				3	道教
45			老君岩石窟	唐代、宋代	1		21		9	佛道教兼合
46	襄阳市	南漳县	石牛坪石窟寺	不祥	3	1	2			佛教
47			观音台岩庙石窟	清代	1				1	佛教
48			观音堂石窟	清代	1				1	佛教
49			金山洞石窟	明代	8				37	佛教
50			玉印岩石窟	明代	1	1	5		21	佛教
51			冥阳洞石窟	清代	1	2	1		2	佛教
52			古佛洞石窟	明代	2		24		1	佛教

序号	市州	县（市、区）	名称	年代	窟/处	龛/个	造像/尊	壁画/幅	题记、碑刻等/处	宗教属性
53	襄阳市	保康县	磨刀观石窟	明代	2				4	其他
54			水晶行宫石窟	清代	1				5	其他
55			玄坛祠石窟	清代	2		1		1	其他
56		襄城区	刘秀洞石窟	不详	1	1	1			其他
57			阎家洞石窟	明代、清代	1		13			佛教
58			蛮王洞石窟	宋代	1	3	6		3	佛教
59		谷城县	万佛洞石窟	清代	5	5				佛教
60			千佛洞石窟	清代	3	1				佛教
61	宜昌市	点军区	虎子岩石窟	明代、清代	3	5	7		2	佛教
62		兴山县	滴水观石窟	清代	4				1	佛教
63			干柴菩萨庙石窟	清代	3	3				佛教
64			干柴土地菩萨庙石窟	清代	1					佛教
65		远安县	鹿苑寺石窟	明代、清代	16	2			3	佛教
66		当阳市	鬼谷大仙洞石窟	明代、清代	1		1		3	其他
67			钟家岩屋石窟	清代	3	2			1	道教
68	荆州市	松滋市	仙人洞石窟	清代	11	4				佛教
69	荆门市	钟祥市	华岩洞石窟	清代	9	4		1	3	佛教
70	孝感市	大悟县	观音洞石窟	清代	1					佛教
71			观音岩摩崖造像	南宋		1	2		1	佛教
72			观音庙摩崖造像	清代			1			佛教
73	黄冈市	麻城市	唐王洞石窟	唐代	1					其他
74			徐家园石窟	清代	1	1				佛教
75			石佛洞石窟	明代	1		5		1	佛教
76			观音岩石窟寺	清代	1		1			佛教
77			赵家崖石雕	明代	1					其他
78			什子河石窟寺	清代	1					佛教
79			方姑洞石窟寺	明代	1					佛教

序号	市州	县（市、区）	名称	年代	窟／处	龛／个	造像／尊	壁画／幅	题记、碑刻等／处	宗教属性
80	黄冈市	麻城市	狮子涎石窟寺	清代	1		1			佛教
81			万姑洞石窟	明代	1	2				佛教
82			仙人洞石窟寺	清代	1	1	1			佛教
83		罗田县	大塘塆摩崖造像	宋代		1	3			佛教
84			虎母山摩崖造像	元代		1	3			佛教
85			天保山摩崖造像	元代			6			佛教
86		浠水县	两河岗摩崖造像	清代			1			佛教
87			葫芦石摩崖造像	清代		1	3			佛教
88			石洞山摩崖造像	清代		1			2	佛教
89			云根寺摩崖造像	清代		1	1			佛教
90			白莲崖摩崖造像	清代		1	3			佛教
91			白石山摩崖造像	清代			1			佛教
92			城山摩崖造像	清代			1			佛教
93			三台山摩崖造像	清代			1			佛教
94			岳林寺摩崖造像	清代			1			佛教
95		黄梅县	石和湾摩崖造像	宋代、辽代、金代			1			佛教
96			菩萨墩摩崖造像	明代		1	1			佛教
97	咸宁市	崇阳县	朝阳洞石窟寺	清代	1				11	佛教
98			修月洞石窟寺	清代	1				1	佛教
99			宝陀岩石窟寺	明代	1		1		2	佛教
100		通山县	鼓鸣洞石窟寺	清代	1	1			1	佛教
101		赤壁市	青云洞石窟寺	明代	1				1	佛教
102	随州市	随县	柏树岗千佛洞石窟	明代	1	4				佛教
103			观音岩石窟	明代	5	5				佛教
104			皇姑洞石窟	明代	1	1				佛教
105			黄龙寺观音岩石窟	清代	1	1				佛教
106			栳栳寺石窟	明代	1				1	佛教

续表

序号	市州	县（市、区）	名称	年代	窟/处	龛/个	造像/尊	壁画/幅	题记、碑刻等/处	宗教属性
107	随州市	随县	鲁班洞石窟	明代	1	1				佛教
108			牛角尖仙人洞石窟	清代	1	10			2	佛教
109			神仙洞石窟	明代	1	3				佛教
110	恩施土家族苗族自治州	利川市	观音峡石窟	清代	1		7		1	佛教
111			观音岩卡门摩崖造像	明代		2	1			佛教
112			观音岩石窟	清代	1	1			1	佛教
113			黑洞子摩崖造像	清代		2			1	佛教
114			龙头溪佛龛石窟	清代	1	1			2	佛教
115			睦家寨摩崖造像	清代		3	3		2	佛教
116			王母城石窟	明代	2	5	1		7	佛教
117		咸丰县	观音庙摩崖造像	明代		1	1		2	佛教
118		来凤县	仙佛寺石窟	唐代	16	16	27	4	1	佛教
119	神农架林区	木鱼镇	天观庙摩崖造像	明代、清代			3			佛教

附表二　湖北省石窟寺（含摩崖造像）分区统计表

序号	分布区域	市州	数量/处				
			全国重点文物保护单位	省级文物保护单位	县（市）级文物保护单位	登记文物点	新发现
1	鄂西北地区	十堰市、襄阳市、随州市、神农架林区	1	5	6	50	6
2	鄂西南地区	宜昌市、恩施土家族苗族自治州	2		6	4	4
3	鄂东地区	黄冈市、咸宁市、武汉市			21	9	
4	鄂中地区	荆州市、荆门市、孝感市			2	3	
合计		12	3	5	35	66	10

附表三　湖北省石窟寺（含摩崖造像）文物名录（共119处）

武汉市（1处）

序号	名称	年代	类别	地址	保护级别	是否对外开放
1	白云洞石窟	唐代、明代、清代	石窟寺	湖北省武汉市武昌区石洞街道下川村白云洞景区内	县（市）级文物保护单位	是

十堰市（44处）

序号	名称	年代	类别	地址	保护级别	是否对外开放
1	观音洞石窟	清代	石窟寺	湖北省十堰市郧阳区叶大乡杨柳村二组观音堂西南部	登记文物点	否
2	罗汉洞石窟	清代	石窟寺	湖北省十堰市郧阳区胡家营镇漆沟村一组大漆沟桥西南	登记文物点	否
3	千佛洞石窟	清代	石窟寺	湖北省十堰市郧阳区红岩背林场余河村一组蔡家湾西北	登记文物点	否
4	白龙洞石窟	明代、清代	石窟寺	湖北省十堰市郧阳区谭家湾镇青山村六组	登记文物点	否
5	安家老爷洞石窟	清代	石窟寺	湖北省十堰市郧西县安家乡神岭村四组（徐家洼）东坡	登记文物点	否
6	佛爷洞石窟	清代	石窟寺	湖北省十堰市郧西县土门镇辽坡村二组北部山体	登记文物点	否
7	罗汉寨石窟	明代	石窟寺	湖北省十堰市郧西县店子镇天宝山村八组天保山顶绝壁	省级文物保护单位	否
8	徐家湾佛洞石窟	明代	石窟寺	湖北省十堰市郧西县马安镇徐家湾村一组	登记文物点	否
9	佛洞石窟	明代	石窟寺	湖北省十堰市郧西县涧池乡石婆沟村七组	登记文物点	否
10	佛爷洞石窟	明代	石窟寺	湖北省十堰市郧西县湖北口回族乡三十六岩村四组	县（市）级文物保护单位	否
11	白鹤岩石窟	明代	石窟寺	湖北省十堰市郧西县观音镇五顶坪村二组五顶河北岸山腰上	登记文物点	否
12	惠家河佛洞石窟	清代	石窟寺	湖北省十堰市郧西县马安镇惠家河村三组	登记文物点	否
13	双掌佛洞石窟	明代	石窟寺	湖北省十堰市郧西县观音镇佛洞村四组	登记文物点	否
14	上津佛爷庙石窟	唐代	石窟寺	湖北省十堰市郧西县上津镇郭家渡村三组	登记文物点	否

序号	名称	年代	类别	地址	保护级别	是否对外开放
15	树撑岩老龙洞石窟	清代	石窟寺	湖北省十堰市郧西县香口乡树撑岩村二组	登记文物点	否
16	罗汉洞石窟	清代	石窟寺	湖北省十堰市郧西县景阳乡天池垭村一组大南河山	登记文物点	否
17	马家沟佛洞石窟	明代	石窟寺	湖北省十堰市郧西县城关镇天河坪村九组	登记文物点	否
18	小河口石窟	明代	石窟寺	湖北省十堰市郧西县景阳乡小河口村一组凉水庵	登记文物点	否
19	羊耳洞石窟	明代	石窟寺	湖北省十堰市郧西县湖北口回族乡庵坪村四组	登记文物点	否
20	观音庙石窟	唐代	石窟寺	湖北省十堰市丹江口市凉水河镇贺家营村五组	登记文物点	否
21	千佛洞石窟	明代	石窟寺	湖北省十堰市丹江口市六里坪镇溪沟村三组	登记文物点	否
22	张三丰石窟	元代	石窟寺	湖北省十堰市丹江口市官山镇沙沟村一组	县（市）级文物保护单位	否
23	石窟庙石窟	清代	石窟寺	湖北省十堰市丹江口市盐池河镇大岭坡村三组	登记文物点	否
24	观音岩石窟	不详	石窟寺	湖北省十堰市丹江口市官山镇骆马沟村山腰	登记文物点	否
25	红花岩石窟	不详	石窟寺	湖北省十堰市丹江口市官山镇松树沟村一组	登记文物点	否
26	罗汉洞石窟	明代	石窟寺	湖北省十堰市丹江口市官山镇松树沟村二组	县（市）级文物保护单位	否
27	铁炉石窟	清代	石窟寺	湖北省十堰市丹江口市官山镇铁炉村二组	登记文物点	否
28	宝堂寺石窟	明代	石窟寺	湖北省十堰市房县尹吉甫镇齐心沟村二组	省级文物保护单位	是
29	观音洞石窟	清代	石窟寺	湖北省十堰市房县城关镇炳公村一组	省级文物保护单位	是
30	桃园石窟	明代	石窟寺	湖北省十堰市房县城关镇桃园村二组一山崖东侧	登记文物点	否
31	老母殿石窟寺	清代	石窟寺	湖北省十堰市房县大木厂镇马进洞村二组老母岩	登记文物点	否

序号	名称	年代	类别	地址	保护级别	是否对外开放
32	岩屋寺石窟	明代	石窟寺	湖北省十堰市房县大木厂镇马进洞村三组	登记文物点	否
33	窑场佛洞石窟	明代	石窟寺	湖北省十堰市房县窑淮镇窑场村三组	登记文物点	否
34	塘溪佛洞石窟	清代	石窟寺	湖北省十堰市房县红塔镇塘溪村六组	登记文物点	否
35	朝阳观石窟寺	清代	石窟寺	湖北省十堰市房县大木厂镇双庙村二组观沟东部	登记文物点	否
36	佛爷庙石窟	清代	石窟寺	湖北省十堰市房县姚坪乡西沟村一组	登记文物点	否
37	三元千佛洞石窟	清代	石窟寺	湖北省十堰市房县大木厂镇三元村一组	登记文物点	否
38	门凳岩石窟	清代	石窟寺	湖北省十堰市房县沙河乡高峰村一组	登记文物点	否
39	娘娘庙石窟	清代	石窟寺	湖北省十堰市房县沙河乡五塘村五组	登记文物点	否
40	三官庙石窟	清代	石窟寺	湖北省十堰市竹山县得胜镇界岭村三组	登记文物点	否
41	沧浪山五佛洞石窟	明代	石窟寺	湖北省十堰市竹山县楼台乡安坪村五组	登记文物点	否
42	龙头包佛爷洞石窟	清代	石窟寺	湖北省十堰市竹山县麻家渡镇总兵安村一组	登记文物点	否
43	太玄洞石窟	明代	石窟寺	湖北省十堰市武当山旅游经济特区大湾村香炉峰山体中部	登记文物点	否
44	老君岩石窟	唐代、宋代	石窟寺	湖北省十堰市武当山旅游经济特区老君堂村狮子峰	全国重点文物保护单位	否

襄阳市（15处）

序号	名称	年代	类别	地址	保护级别	是否对外开放
1	磨刀观石窟	明代	石窟寺	湖北省襄阳市保康县黄堡镇大树垭村陈家窝子西部	登记文物点	否
2	石牛坪石窟寺	不详	石窟寺	湖北省襄阳市南漳县武安镇石牛坪村七组	新发现	否
3	观音台岩庙石窟	清代	石窟寺	湖北省襄阳市南漳县东巩镇石佛寺村观音台	登记文物点	否
4	刘秀洞石窟	不详	石窟寺	湖北省襄阳市襄城区岘山文化旅游区双背梁子北麓	新发现	否
5	水晶行宫石窟	清代	石窟寺	湖北省襄阳市保康县寺坪镇金堂村三岔自然村	县（市）级文物保护单位	否
6	观音堂石窟	清代	石窟寺	湖北省襄阳市南漳县肖堰镇观音堂村四组	新发现	否
7	玄坛祠石窟	清代	石窟寺	湖北省襄阳市保康县寺坪镇金堂村三岔自然村	新发现	否
8	金山洞石窟	明代	石窟寺	湖北省襄阳市南漳县长坪镇陡山村境内的黄家坡山岩上	登记文物点	否
9	万佛洞石窟	清代	石窟寺	湖北省襄阳市谷城县五山镇昝家铺村十石种自然村	登记文物点	否
10	阎家洞石窟	明代、清代	石窟寺	湖北省襄阳市襄城区卧龙镇青山村阎家洞	登记文物点	否
11	玉印岩石窟	明代	石窟寺	湖北省襄阳市南漳县巡检镇金镶坪村小（漳河）百（福头）公路旁	省级文物保护单位	否
12	冥阳洞石窟	清代	石窟寺	湖北省襄阳市南漳县薛坪镇冥阳洞村松树包山壁之上	登记文物点	否
13	古佛洞石窟	清代	石窟寺	湖北省襄阳市南漳县李庙镇鱼泉河村杨家坪	县（市）级文物保护单位	否
14	千佛洞石窟	清代	石窟寺	湖北省襄阳市谷城县五山镇金家店村千佛洞	登记文物点	否
15	蛮王洞石窟	宋代	石窟寺	湖北省襄阳市襄城区岘山南主峰西南坡	县（市）级文物保护单位	否

宜昌市（7处）

序号	名称	年代	类别	地址	保护级别	是否对外开放
1	虎子岩石窟	明代、清代	石窟寺	湖北省宜昌市点军区桥边镇黄家棚村一组虎子岩	县（市）级文物保护单位	否
2	滴水观石窟	清代	石窟寺	湖北省宜昌市兴山县峡口镇孝子山西部	县（市）级文物保护单位	否
3	鹿苑寺石窟	明代、清代	石窟寺	湖北省宜昌市远安县旧县镇原县鹿苑老茶场	新发现	否
4	鬼谷大仙洞石窟	明代、清代	石窟寺	湖北省宜昌市当阳市玉泉街道三桥村五组青溪山脉	新发现	是
5	钟家岩屋石窟	清代	石窟寺	湖北省宜昌市当阳市玉泉街道金沙村三组沮河南岸董家岩	全国重点文物保护单位	是
6	干柴菩萨庙石窟	清代	石窟寺	湖北省宜昌市兴山县南阳镇百羊寨村一组	县（市）级文物保护单位	否
7	干柴土地菩萨庙石窟	清代	石窟寺	湖北省宜昌市兴山县昭君镇陈家湾村一组马桑沟	新发现	否

荆州市（1处）

序号	名称	年代	类别	地址	保护级别	是否对外开放
1	仙人洞石窟	清代	石窟寺	湖北省荆州市松滋市陈店镇陈店村九组	登记文物点	否

荆门市（1处）

序号	名称	年代	类别	地址	保护级别	是否对外开放
1	华岩洞石窟	清代	石窟寺	湖北省荆门市钟祥市客店镇杨岭村六组王家湾	县（市）级文物保护单位	否

孝感市（3处）

序号	名称	年代	类别	地址	保护级别	是否对外开放
1	观音洞石窟	清代	石窟寺	湖北省孝感市大悟县宣化店镇莲花村石子坳湾东北（经本次实地调查，该石窟实际位于河南省信阳市新县卡房乡何家山村胡塆西）	登记文物点	否
2	观音岩摩崖造像（原名：猴子拜观音石刻）	南宋	摩崖造像	湖北省孝感市大悟县夏店镇石咀村西南2.5千米的观音岩顶部	县（市）级文物保护单位	否
3	观音庙摩崖造像（原名：观音庙石刻）	清代	摩崖造像	湖北省孝感市大悟县三里城镇舒山村村委会以西约80米的三华线南侧	登记文物点	否

黄冈市（24处）

序号	名称	年代	类别	地址	保护级别	是否对外开放
1	唐王洞石窟	唐代	石窟寺	湖北省黄冈市麻城市阎家河镇蔡家岗村洞下塆北部	县（市）级文物保护单位	否
2	徐家园石窟	清代	石窟寺	湖北省黄冈市麻城市阎家河镇喻家楼村徐家周塆东部	登记文物点	否
3	石佛洞石窟	明代	石窟寺	湖北省黄冈市麻城市宋埠镇李华村范家坳西北部	县（市）级文物保护单位	否
4	观音岩石窟寺	清代	石窟寺	湖北省黄冈市麻城市白果镇学堂岗村西南部	县（市）级文物保护单位	否
5	赵家崖石雕	明代	石窟寺	湖北省黄冈市麻城市白果镇夏家冲村袁家山塆西南部	登记文物点	否
6	什子河石窟寺	清代	石窟寺	湖北省黄冈市麻城市张家畈镇李家山村什子河塆西北	县（市）级文物保护单位	否
7	方姑洞石窟寺	明代	石窟寺	湖北省黄冈市麻城市张家畈镇新屋塆后方姑洞山半山腰上	县（市）级文物保护单位	否
8	狮子涎石窟寺	清代	石窟寺	湖北省黄冈市麻城市张家畈镇张门口村彭家山塆西南	县（市）级文物保护单位	否
9	万姑洞石窟	明代	石窟寺	湖北省黄冈市麻城市张家畈镇东南沟村罗家塆东北	县（市）级文物保护单位	否

序号	名称	年代	类别	地址	保护级别	是否对外开放
10	仙人洞石窟寺	清代	石窟寺	湖北省黄冈市麻城市三河口镇夏家冲村蔡家塝西	登记文物点	否
11	大塘塆摩崖造像	宋代	摩崖造像	湖北省黄冈市罗田县匡河镇施家畈村大塘塆东侧	县（市）级文物保护单位	否
12	虎母山摩崖造像	元代	摩崖造像	湖北省黄冈市罗田县骆驼坳镇卢家坳村	县（市）级文物保护单位	否
13	天保山摩崖造像	元代	摩崖造像	湖北省黄冈市罗田县白莲河乡张家山村	县（市）级文物保护单位	否
14	两河岗摩崖造像	清代	摩崖造像	湖北省黄冈市浠水县绿杨乡两河村一组王家湾	登记文物点	否
15	葫芦石摩崖造像	清代	摩崖造像	湖北省黄冈市浠水县白莲镇葫芦石村丰乐岩水库南	县（市）级文物保护单位	否
16	石洞山摩崖造像	清代	摩崖造像	湖北省黄冈市浠水县竹瓦镇石洞村望家湾内	登记文物点	否
17	云根寺摩崖造像	清代	摩崖造像	湖北省黄冈市浠水县清泉镇斗咀港村	登记文物点	否
18	白莲崖摩崖造像	清代	摩崖造像	湖北省黄冈市浠水县白莲镇大岭沟村六组	县（市）级文物保护单位	否
19	白石山摩崖造像	清代	摩崖造像	湖北省黄冈市浠水县清泉镇天桥村五组谢家湾	登记文物点	否
20	城山摩崖造像	清代	摩崖造像	湖北省黄冈市浠水县巴河镇城山村城山南侧	县（市）级文物保护单位	否
21	三台山摩崖造像	清代	摩崖造像	湖北省黄冈市浠水县清泉镇三台村四组华家弄湾西面	县（市）级文物保护单位	否
22	岳林寺摩崖造像	清代	摩崖造像	湖北省黄冈市浠水县丁司垱镇岳林寺村六组十一组交界观音石沟湾	登记文物点	否
23	石和湾摩崖造像	宋辽金时期	摩崖造像	湖北省黄冈市黄梅县停前镇南冲村南山古道西侧	县（市）级文物保护单位	否
24	菩萨墩摩崖造像	明代	摩崖造像	湖北省黄冈市黄梅县停前镇南冲村许塆墩中山寺内	县（市）级文物保护单位	否

咸宁市（5处）

序号	名称	年代	类别	地址	保护级别	是否对外开放
1	朝阳洞石窟寺	清代	石窟寺	湖北省咸宁市崇阳县港口乡游家村诰轴山东部半山腰上	县（市）级文物保护单位	是
2	修月洞石窟寺	清代	石窟寺	湖北省咸宁市崇阳县港口乡油榨村五组分金林场东北	县（市）级文物保护单位	否
3	宝陀岩石窟寺	明代	石窟寺	湖北省咸宁市崇阳县沙坪镇泉湖村岩头山南坡	县（市）级文物保护单位	否
4	鼓鸣洞石窟寺	清代	石窟寺	湖北省咸宁市通山县燕厦乡畅周村十四组岩下自然村	县（市）级文物保护单位	否
5	青云洞石窟寺	明代	石窟寺	湖北省咸宁市赤壁市神山镇青云村七组	登记文物点	是

随州市（8处）

序号	名称	年代	类别	地址	保护级别	是否对外开放
1	柏树岗千佛洞石窟	明代	石窟寺	湖北省随州市随县澴潭镇柏树岗村六组	登记文物点	否
2	观音岩石窟	明代	石窟寺	湖北省随州市随县澴潭镇观音岩村一组	登记文物点	否
3	皇姑洞石窟	明代	石窟寺	湖北省随州市随县吴山镇河西村二组	登记文物点	否
4	黄龙寺观音岩石窟	清代	石窟寺	湖北省随州市随县洪山镇黄龙寺村二组李家楼湾南	登记文物点	否
5	栲栳寺石窟	明代	石窟寺	湖北省随州市随县吴山镇河西村二组栲栳寺遗址	新发现	否
6	鲁班洞石窟	明代	石窟寺	湖北省随州市随县吴山镇河西村二组	新发现	否
7	牛角尖仙人洞石窟	清代	石窟寺	湖北省随州市随县均川镇墙院村八组牛角尖半山腰上	登记文物点	否
8	神仙洞石窟	明代	石窟寺	湖北省随州市随县澴潭镇九里岗村十三组	登记文物点	否

恩施土家族苗族自治州（9处）

序号	名称	年代	类别	地址	保护级别	是否对外开放
1	观音峡石窟	清代	石窟寺	湖北省恩施土家族苗族自治州利川市柏杨坝镇龙兴村二十组	县（市）级文物保护单位	否
2	观音岩卡门摩崖造像	明代	摩崖造像	湖北省恩施土家族苗族自治州利川市谋道镇支罗村十组	县（市）级文物保护单位	否
3	观音岩石窟	清代	石窟寺	湖北省恩施土家族苗族自治州利川市谋道镇太平村张家湾	新发现	否
4	黑洞子摩崖造像	清代	摩崖造像	湖北省恩施土家族苗族自治州利川市建南镇茶坪村三组	县（市）级文物保护单位	否
5	龙头溪佛龛石窟	清代	石窟寺	湖北省恩施土家族苗族自治州利川市建南镇龙头溪村二组	登记文物点	否
6	睦家寨摩崖造像	清代	摩崖造像	湖北省恩施土家族苗族自治州利川市建南镇黎明村三组	登记文物点	否
7	观音庙摩崖造像	明代	摩崖造像	湖北省恩施土家族苗族自治州咸丰县唐崖镇尖山大桥下方	登记文物点	否
8	王母城石窟	明代	石窟寺	湖北省恩施土家族苗族自治州利川市建南镇龙泉村五组	登记文物点	否
9	仙佛寺石窟	唐代	石窟寺	湖北省恩施土家族苗族自治州来凤县翔凤镇关口村佛潭岩上	全国重点文物保护单位	是

神农架林区（1处）

序号	名称	年代	类别	地址	保护级别	是否对外开放
1	天观庙摩崖造像	明代、清代	摩崖造像	湖北省神农架林区木鱼镇老君山村	省级文物保护单位	否

参 考 文 献

高健斌：《闽安石刻调查》，福建教育出版社，2018年。

国家文物局教育处：《佛教石窟考古概要》，文物出版社，1993年。

李宏松：《镌刻的峡——三峡石刻研究与保护（研究卷）》，文物出版社，2020年。

李宏松、何正萱：《关于石窟寺保护的几点思考》，《中国文化遗产》2021年第4期。

李黎：《中国石窟寺保护成果与思考》，中国文物报社"文物之声"微信公众号，2021年7月6日。

马世长：《中国佛教石窟的类型和形制特征——以龟兹和敦煌为中心》，《敦煌研究》2006年
第6期。

牟会庞、杨志法：《文物保护中石窟寺的稳定性分析与评价》，《第四届全国工程地质大会论
文选集（三）》，海洋出版社，1992年。

宿白：《中国石窟寺研究》，生活·读书·新知三联书店，2019年。

田有前：《雕刻时光——陕西古代石刻》，陕西人民出版社，2016年。

王金华、陈嘉琦：《我国石窟寺保护现状及发展探析》，《东南文化》2018年第1期。

王金华、霍晓彤：《石窟寺保护关键科学问题及关键技术探讨》，《东南文化》2021年第1期。

王烨：《中国古代碑刻》，中国商业出版社，2015年。

徐文平：《处州摩崖石刻研究》，浙江人民出版社，2010年。

闫斌：《概述石质文物保护》，《东南文化》2005年第1期。

赵超：《古代石刻》，文物出版社，2001年。

后　记

　　全国石窟寺专项调查工作是由国家文物局组织开展的一次全面、系统的专项文物调查，相比全国文物普查工作，更细、更专业。此次调查工作时间紧、任务重、要求高，文物点绝大多数散落于荒郊野外、高山密林、悬崖峭壁，时值寒冬雨雪季节，又面临新冠肺炎疫情的不确定影响，调查工作异常艰苦。

　　湖北省坚决贯彻落实国家文物局决策部署，在省文化和旅游厅统一领导下，省文物事业发展中心充分发挥专项调查牵头单位作用，强化工作效能，组织协调推进；省级工作专班各司其职，指导检查督办；各地文物部门克服种种困难，采取有效措施，经全省上下齐心协力，圆满完成专项调查工作，成效显著。通过专项调查，取得了第一手宝贵资料。全面掌握了全省石窟寺基本情况、保护现状和存在问题，建立起全省石窟寺基础数据库。

　　从数量、规模上对比，湖北石窟寺算不上全国第一方阵。但是由于其特殊地理位置，深受佛教文化传播影响，从而造就了湖北石窟寺自身的特点，成为荆楚文化的重要组成部分。因此，编写一部湖北石窟寺专著，让大众了解湖北石窟寺文物资源，提升湖北石窟寺社会影响力，推动文物旅游深度融合，以文物赋彩经济社会发展，具有积极意义。

　　《湖北石窟寺》是在湖北省石窟寺专项调查工作的基础上，经全面梳理数据、广泛收集资料、深入进行思考的成果，也是对湖北石窟寺进行田野调查和学术研究的系统性、阶段性总结。

　　本书在写作过程中，参考吸收了许多前辈大师、当代学者和文博专家的研究成果，限于体例，有些在文中未能一一注明，有些仅在参考文献中予以列出，如有冒犯，敬请谅解，并表示诚挚的谢意！

　　本书是一部关于湖北石窟寺的通俗读物，因此，为了使读者更好地理解相关情况，没有更多地使用专业术语。书中引用的基础资料、数据、照片等内容，部分由各地石窟寺专项调查小组提供；有关结论、建议等内容，部分出自省级工作专班编制的工作报告。武汉大学贺世伟副教授、湖北大学孟华平教授、省古建筑保护中心吴晓研究员，进行了审核并提出了宝贵意见，省文物事业发展中心的领导及同人提出了很好的修改建议。对各位老师、领导和同人的辛勤付出，在此，一并表示衷心的感谢！

　　尽管在写作中编者殚精竭虑、倾尽全力，但由于时间仓促，同时限于自身专业知识和能力水平，书中遗漏和不足之处在所难免，敬请不吝批评指正。

编　者

2021年12月